COURS

OU

LEÇONS PRATIQUES

DE GRAMMAIRE FRANÇAISE.

COURS

OU

LEÇONS PRATIQUES

DE GRAMMAIRE FRANÇAISE,

SUIVIES DE LA SYNTAXE;

EN FAVEUR DU SECOND ET DU TROISIÈME AGE DES
ÉTUDES.

PAR P. A. V. DE LANNEAU,

ANCIEN CHEF DE L'INSTITUTION DE SAINTE-BARBE, DOCTEUR
DE LA FACULTÉ DES LETTRES, OFFICIER DE L'ACADÉMIE
DE PARIS.

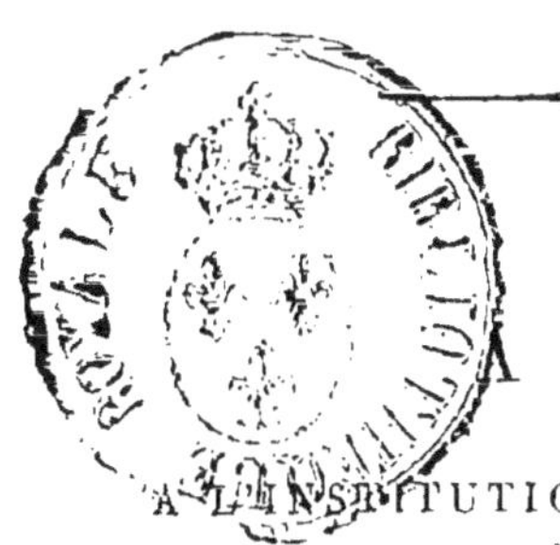

A PARIS,

A L'INSTITUTION DE SAINTE-BARBE,
rue de Reims, n° 7.

CHEZ
{
ANSELIN et POCHARD, Libraires de la Garde
royale, rue Dauphine, n° 7.
ARTHUS BERTRAND, Libraire, rue Hautefeuille,
n° 23.
BERQUET, Libraire, quai des Augustins, n° 29.
}

1824.

AUX ÉLÈVES

DE

L'INSTITUTION DE SAINTE-BARBE.

Témoignage d'honorables souvenirs, d'intérét et d'attachement sincères.

DE LANNEAU, père.

1er mai 1824.

AVANT-PROPOS.

Le titre de cet ouvrage paraîtra nouveau; il est conforme à l'épreuve pratique à laquelle cette *Grammaire* a été soumise dans l'enseignement qui en a été fait, pendant plusieurs années, à des jeunes gens hors de l'âge des éléments, et victimes du silence total des études, à l'époque qui a vu la Maison de Sainte-Barbe rendue par mes soins, une des premières, à l'instruction publique.

Les demandes qui m'ont été faites de publier ces leçons pratiques, je m'y rends, encouragé par le succès qu'elles ont obtenu tout récemment encore dans une Institution de jeunes demoiselles (1), où les résultats d'un enseignement, tel qu'il est donné dans les colléges universitaires, du moins pour ce qui concerne les études convenables au sexe, prouvent toute la solidité d'instruction dont il est capable, quand cet enseignement y est fortement dirigé, quand surtout il se saisit tellement

(1) Rue du Mont-Parnasse, n° 5.

du tems, qu'il ne laisse aucun moment au goût des frivolités, qui s'empare assez tôt de l'esprit des jeunes personnes.

Loin de moi la pensée d'avoir mieux fait que plusieurs professeurs dont les talents ont illustré l'Université de Paris, dans des chaires élevées, et peut-être trop, pour descendre jusqu'à l'âge auquel s'adresse leur Grammaire. Il faut voir les enfants de plus près pour connaître la mesure de leur intelligence, pour savoir proportionner et façonner chaque leçon sur leurs facultés plus ou moins disposées ; pour savoir enfin prendre leur langage et se l'approprier, pour en être entendu.

Beaucoup d'excellents auteurs, forts de leur facilité, n'ont pas assez apprécié cette condition essentielle dans tout enseignement du premier âge. Leur Grammaire présente quelquefois un abstrait, une briéveté égale à l'activité de leur intelligence, lorsque celle de l'élève sollicite des développements répétés, des explications variées, des tournures familières et empruntées même aux habitudes et à la langue des différents âges, pour en être plus sûrement compris. A tel élève, une première explication suffira ; lorsqu'à tel autre, plusieurs ne suffiront pas. C'est donc à celui-ci qu'il faut parler ; c'est pour lui qu'il faut écrire.

Tel est le principe qui a dicté ces Leçons

pratiques. Par opposition peut-être à la briéveté et au vague que l'on regrette dans des Grammaires, excellentes d'ailleurs à consulter par les doutes d'un âge plus instruit, ces Leçons trouveront-elles des censeurs qui accuseront la prolixité, le verbeux et même le langage facile qui s'y représente souvent; mais n'oublions pas que ce sont des leçons familières auxquelles il fallait intéresser une jeunesse étrangère à la gêne des études. Ce n'est point dans le silence sérieux du cabinet que ces Leçons ont été rédigées; c'est en classe, c'est dans l'action de l'enseignement, c'est en face de l'élève au tableau, en essayant avec lui les mots, les expressions capables de se faire jour dans son intelligence et d'y prendre position. C'est lui qui m'a dicté ce qu'il comprenait, et comme il le comprenait; ce sont ses rédactions qui m'ont dirigé et souvent réformé.

Telle est la méthode que doit s'imposer tout professeur qui veut s'assurer un vrai succès, dans une étude dont la sécheresse et l'aridité doivent être bannies par un mode d'enseignement tout-à-fait particulier.

Heureux les élèves qui trouvent dans leur professeur l'accord parfait de ces formes bienveillantes, et de cette sévérité qui en prévient les abus ; qui sait mettre à l'aise les facultés timides de ses jeunes auditeurs, et les affranchir de cette compression qui peut bien en assurer le calme physique, mais qui en même temps paralyse et stupéfie par la terreur toutes leurs facultés morales! Combien n'ai-je pas vu de jeunes élèves, doués des plus puissants moyens, se traîner dans la médiocrité sous l'empire d'une verge de fer, devenir tout à coup des prodiges de succès sous une autorité ferme, mais flexible à propos, sachant ménager aux facultés morales cette aisance, cet élan, cet essor, si naturels à cet âge, et qu'une main adroite sait diriger au profit des études, en accueillant jusque dans son enseignement ces rivalités familières, qui font l'âme du travail, comme celle des jeux dans les récréations!

Pour revenir à mon sujet, je répéterai, en rendant hommage à la plupart des auteurs dont la Grammaire a précédé l'impression de mes Leçons pratiques, que les défauts que l'expérience avec l'écolier pourrait leur reprocher, ils les doivent à leurs hauts talents et à l'habitude de parler à des élèves parvenus au sommet des études, oubliant trop qu'ils descendaient à des adeptes à peine initiés dans les éléments. Aussi ont-ils laissé un vide sensible entre leur Grammaire et celle qui convient au premier âge. C'est ce vide que je tâche de remplir, 1°. avec ma *Grammaire élémentaire*, par demandes et par réponses; elle doit succéder à l'Abécédaire entre les mains des enfants, et les suivre jusqu'en sixième dans les colléges. 2°. Avec ces Leçons pratiques qui ne sont que le développement de la petite *Grammaire* bien sçue et bien entendue. Ces leçons bien distribuées et suivies de la syntaxe qui en forme la seconde partie, doivent accompagner l'étudiant jusqu'en quatrième inclusivement.

Ces deux Grammaires sont le produit de la longue étude que j'ai été à même de faire du développement graduel des premières années de l'écolier; l'une et l'autre ont été mises à l'essai; l'une et l'autre ont obtenu des succès; l'intérèt et le zèle que je ne cesserai de porter à la jeunesse studieuse, me font un devoir de lui en faire hommage.

J'ai divisé par leçons cette *Grammaire pratique*. Le mode des divisions et subdivisions sans abus, plaît aux étudiants; il repose l'intelligence, il précise les objets présentés à la mémoire. Ce n'est pas que j'entende soumettre à une seule leçon ou à une seule classe tous les articles compris sous le numéro de chaque leçon; ce serait forcer le pas, ce serait dépasser la marche et les moyens des étudiants. La subdivision par règles, à laquelle chaque leçon est subordonnée, voilà la mesure à suivre, en consultant la difficulté, l'importance de la question, et l'intelligence plus ou moins active des élèves. C'est à eux à nous marquer le pas qui conduit à des progrès sûrs; c'est à nous à le soutenir et à l'aider.

COURS

OU

LEÇONS PRATIQUES

DE

GRAMMAIRE FRANÇAISE.

PREMIÈRE PARTIE.

PREMIÈRE LEÇON.

INTRODUCTION.

Notre première leçon doit avoir pour objet de faire connaître la valeur des signes et la signification des termes que nous devons employer dans l'étude de notre langue.

D'abord, qu'est-ce qu'une langue?

On appelle *langue*, l'assemblage de signes dont on se sert pour exprimer ses idées et ses pensées.

On appelle *idée*, la sensation ou le sentiment que la perception d'un objet fait éprouver à l'âme.

On appelle *pensée*, les réflexions auxquelles l'esprit soumet ces différents sentiments, et les jugements qui sont le résultat de ces réflexions.

Les signes dont nous nous servons pour exprimer soit nos idées, soit nos pensées, sont ou *auriculaires*, ou *oculaires*.

Les signes *auriculaires* sont les mots que la voix articule et qui frappent nos oreilles.

Les signes *oculaires* sont ceux qui frappent nos yeux. Ces signes consistent dans les mots écrits, ou dans les gestes auxquels ont recours les personnes privées de la parole.

Il est donc vrai de dire, d'après ces définitions, que les mots, soit articulés, soit écrits, sont les signes de nos idées et de nos pensées.

Les mots articulés par la voix, se forment de vingt-cinq sons différents, qu'il a été nécessaire d'exprimer par des signes qu'on appelle *lettres*. Ces lettres sont : a, b, c, d, e, f, g, h, i, j, k, l, m, n, o, p, q, r, s, t, u, v, x, y, z. Ces vingt-cinq lettres sont en général communes aux langues *mortes* et aux langues *vivantes*.

Les langues *mortes*, autrement dites langues anciennes, sont celles qui ne sont plus d'un usage commun dans les rapports sociaux, comme *le latin, le grec, l'hébreu*, etc.

Les langues vivantes ou modernes sont celles dont se servent les différents peuples dans l'usage ordinaire de la vie, comme *le français, l'anglais, l'allemand, l'italien*, etc.

De toutes ces langues, celle qui doit intéresser le plus notre application, c'est la langue de notre pays, soit que nous la parlions, soit que nous l'écrivions.

L'étude de la langue française se compose de deux parties : 1°. de *l'orthographe* des mots; 2°. de la *syntaxe*.

L'orthographe des mots les considère de deux

manières. La première saisit les mots isolés et en eux-mêmes; elle a pour objet le choix et le nombre de lettres qui entrent dans la formation et dans le corps de chaque mot. Cette partie de l'orthographe n'est soumise à aucune règle; elle dépend de la connaissance de l'étymologie des mots, autrement de l'origine qu'ils peuvent avoir reçue des langues anciennes, appelées pour cela *langues mères*. Les personnes qui les ont cultivées, trouvent donc pour l'orthographe constitutive et intrinsèque des mots, une facilité dont sont privées celles qui sont étrangères à cette étude. Elles doivent y suppléer par l'usage de bons dictionnaires, par la lecture de livres écrits correctement, et enfin en soumettant fidèlement leur attention et leur plume à des dictées faites avec soin, ainsi que cela doit se pratiquer dans tout enseignement élémentaire, ami des bonnes méthodes.

La seconde partie de l'orthographe des mots, les considère dans leur dépendance des uns et des autres; dépendance qui fait varier la terminaison de la plupart des mots, en les passant du singulier au pluriel, et du masculin au féminin. La raison plus que l'usage encore, sanctionne les règles qui fixent les différents cas où doit varier la terminaison de quelques mots.

La seconde partie de la grammaire, autrement la syntaxe, considère les mots non plus isolés, mais rapprochés les uns des autres, pour exprimer une pensée ou un jugement quelconque; elle assigne à chaque mot, suivant le rôle qu'il remplit dans l'expression de la pensée, la place qu'il doit y occuper; de là, la formation des *propositions* et des *phrases*.

Concluons de ces premières notions, que la grammaire est la réunion et l'exposé des règles qui apprennent à parler et à écrire correctement.

SECONDE LEÇON.

Des Lettres ; formation des Consonnes. Prononciation de certaines Lettres, soumise à certains signes.

Parmi les vingt-cinq lettres indiquées dans notre première leçon, nous distinguons les cinq voyelles *a*, *e*, *i*, *o*, *u*, auxquelles on ajoute l'*y* qui n'est autre chose que l'*i* simple doublé. Ces voyelles sont ainsi appelées, parce qu'elles donnent la voix, autrement un son, aux dix-neuf autres lettres, nommées *consonnes*, mot qui signifie *sonner avec*, c'est-à-dire qu'elles n'ont un son qu'avec le secours des voyelles sans lesquelles elles resteraient muettes.

En effet, si l'on décompose le son des consonnes, on verra qu'elles le reçoivent entièrement des voyelles : ainsi, dans le son de la consonne *b*, je trouve la voyelle *e* qui, placée après la lettre *b*, donne le son *be*. Dans la prononciation de la consonne *f*, je trouve la voyelle *e* qui, placée devant, donne le son *ef*. En analysant de même la prononciation de la consonne *k*, je trouve la voyelle *a* qui, placée après le signe *k*, donne le son *ka*, etc., etc.

Nous nous servirons de cette combinaison applicable à toutes les consonnes, pour déterminer le genre de chacune d'elles. Ainsi, lorsque pour donner un son à une consonne, la voyelle se place après elle, comme dans *be*, dans *ka*, dans *te*, etc., la consonne prend le masculin, et l'on dit : un *b*, un *k*, un *t*, etc. Lorsqu'au contraire la consonne reçoit le son d'une voyelle placée devant elle, cette consonne prend le féminin ; ainsi on dit : une *f*, une *m*, une *r* ; en effet, ces consonnes reçoivent le son de la voyelle *e*, placée devant elles, *em*, *en*, *er*, etc.

Quant aux voyelles, elles se prononcent toutes au masculin.

La lettre *h* a deux manières d'être prononcée au commencement de certains mots ; elle est aspirée dans le *héros*, la *honte*, le *hérisson*, etc. ; dans les mots *homme*, *honneur*, *honnête*, etc., elle est muette, c'est-à-dire que la prononciation de l'*h* n'ajoute rien au son de la voyelle qui suit.

Nous avons deux doubles lettres, *æ*, *œ* ; elles se prononcent sans division de son et par une seule émission de voix, comme dans *Ægyptus*, *Œdipe*, *œuvre*.

Notre langue a recours à certains signes, 1°. pour modifier et varier le son et la prononciation de quelques lettres, 2°. pour distinguer la signification de quelques mots qui s'écrivent de même, quoique avec une signification différente. Ces signes sont les *accents*, la *cédille* et le *tréma*.

Il y a trois accents ; l'*accent grave* qui se fait par un trait de gauche à droite (`) :

L'*accent aigu*, par un trait de droite à gauche (´) :

L'*accent circonflexe*, par la réunion de ces deux accents, sous la figure d'un V renversé (^).

1°. L'accent *grave* donne à la voyelle E un

son plus marqué et plus ouvert, comme dans *père*, *mère*, *succès*, *procès*, *après*, etc.

L'accent *aigu* donne au contraire à la voyelle E un son fermé, comme dans *probité*, *amitié*, *café*, etc.

L'accent *circonflexe* donne à l'Ê une prononciation longue et très-ouverte, comme dans *fête*, *tête*, *même*, *diadême*, etc.

L'E, privé de tout accent, reste muet, comme dans *homme*, *plume*, *livre*, etc.

L'accent *circonflexe* se place également sur les autres voyelles, auxquelles il imprime une prononciation longue. Ainsi la voyelle A, sous cet accent, se prononce longuement, comme dans *pâte* pour faire du pain; de même la voyelle î dans *gîte*, dont la prononciation longue est différente de celle de *petite*, (brève). La voyelle Ô, longue dans *apôtre*, le *nôtre*, le *vôtre*, et brève dans *dévote*, *notre* sans article. La voyelle Û, longue dans *flûte*, et brève dans *butte*, *chute*, etc.

La *cédille* consiste dans une petite virgule qui, placée sous la consonne C, en adoucit le son, en lui donnant celui de la consonne S, comme dans *francais*, *française*, dont le Ç se prononce bien différemment que dans saint *Nicaise*, *apothicaire*, *hypothécaire*, dont le C n'est point soumis à la *cédille*.

Le *tréma* consiste en deux points qui se placent sur les voyelles doublées, Ë, ï, ü, pour avertir qu'elles doivent se prononcer séparément et distinctement de la première voyelle qui les précède. Le *tréma* avertit donc qu'il faut prononcer *po-ëte*, *po-ësie*, *ha-ïr*, *ambigu-ë* au féminin, etc.

2°. Nous avons dit que ces différents signes servaient encore à distinguer la signification de quelques mots qui s'écrivaient de même, quoique avec une signification différente : ainsi l'accent *grave* placé sur la préposition À, sur l'adverbe *où*, sur la conjonction *dès*, sur l'adverbe *là*, les distingue, 1°. de A sans accent, troisième personne du présent du verbe *avoir*, (*j'ai, tu as, il a*); 2°. de *ou*, conjonction sans accent; 3°. dans la préposition *dès*, et dans la conjonction *dès que*, l'accent grave les distingue de l'article *des*; 4°. dans l'adverbe *là*, l'accent grave le distingue de l'article *la*.

L'accent *circonflexe*, placé sur l'Â de *pâte*, distingue ce mot de *pate d'oiseau*, que quelques auteurs écrivent avec un seul *t*; l'U, sous l'accent *circonflexe*, dans l'adjectif *sûr* (certain), le distingue de la préposition *sur* sans accent. De même *dû*, participe du verbe devoir, se distingue par l'accent *circonflexe* de l'article *du*, etc. *Côte*, partie du corps ou d'un sol montagneux, comme dans *Côte-d'Or*, se distingue par l'accent *circonflexe*, de *cote*, marque numérale.

Le *tréma* distingue de même des mots qui ont la même orthographe; ainsi *maïs*, (blé de Turquie), se distingue par le *tréma* de la conjonction *mais*. *Ambiguë* au féminin, sans le *tréma*, se prononcerait comme *figue, ligue, collègue*, etc.

Nous avons encore un autre signe (') l'*apostrophe*. Ce signe consiste dans une espèce d'accent ou de virgule, que l'on emploie pour annoncer la suppression d'une voyelle dont la rencontre avec une autre, formerait une prononciation difficile et pénible pour l'oreille; ainsi, au lieu de dire *le élève*, *la amitié*, on dit et on écrit *l'élève*, *l'amitié.*

Nous distinguons dans les lettres, les lettres *capitales* ou *majuscules*, et les lettres *minuscules* ou *communes.*

Les lettres *capitales* ou *majuscules* s'emploient, 1°. au commencement des noms propres d'hommes, de pays, de villes, de rivières, etc.; 2°. dans la prose, au commencement du premier mot de chaque phrase; 3°. dans la poësie, au commencement du premier mot de chaque vers, quoique le sens du vers ne soit point achevé; 4°. au commencement des noms de sciences, d'arts; enfin de tout être physique ou moral, qui désigne l'objet principal dont on parle.

Les lettres *minuscules* ou *communes* sont celles qui entrent communément dans la composition des mots.

***

TROISIÈME LEÇON.

De la formation des Syllabes et des Mots, composant les dix parties du discours.

On appelle *syllabe*, l'alliance de voyelles et de consonnes qui se prononcent par une seule émission de voix, et qui ne forment, pour ainsi dire, qu'un son unique.

Cette alliance de voyelles et de consonnes donne des mots d'une seule syllabe; ces mots sont appelés *monosyllabes*; tels que : *je, tu, il, nous, car, sec, net*, etc.

Les mots formés de plusieurs syllabes s'appellent *polysyllabes*; ainsi, *bon-té* présente deux syllabes; *jus-ti-ce*, trois syllabes; *hu-ma-ni-té*, quatre; *gé-né-ro-si-té*, cinq; autant de mots *polysyllabes*. Cependant une seule voyelle peut former une syllabe, comme dans *a-veu*, *a-mi*, *é-bat*, *i-dée*, *o-béir*, *u-biquiste*.

Deux ou trois voyelles réunies forment souvent une seule syllabe, qu'on appelle *diphthongue*, autrement réunion du son de plusieurs voyelles en un seul; alors la prononciation de ces voyelles, dans leur alliance, ne se fait entendre que par une seule émission de voix, comme dans les mots suivants : *oui*, *eau*, *lui*, pi-*tié*, *fiel*, *miel*, por-*tion*, ni-*ais*.

Nous voyons que les lettres forment les syllabes, et que les syllabes forment les mots.

La langue française compte dix espèces de mots, appelés autrement, les dix parties essentielles du discours, savoir : le *nom*, l'*article*, l'*adjectif*, le *pronom*, le *verbe*, le *participe*, la *préposition*, l'*adverbe*, la *conjonction* et l'*interjection*.

Les six premières parties sont variables et susceptibles de changer leur terminaison, suivant le mot principal sous la dépendance duquel elles se trouvent.

Les quatre dernières parties sont invariables, c'est-à-dire que leur terminaison ne changent jamais.

Nous allons suivre ces dix parties dans leur définition, dans leurs propriétés et dans les règles auxquelles elles sont subordonnées.

DU NOM EN GÉNÉRAL.

Le *nom* est le mot qui sert à nommer et à distinguer les êtres animés ou inanimés, qui tombent sous nos sens, et qui occupent notre pensée.

Il est cependant des noms qui servent à désigner des qualités insaisissables à nos sens. Ces noms sont du domaine seul de notre imagination ; leur existence est purement idéale : *Divinité*, *sagesse*, *application*, *zèle*, *bonté*, etc., sont des noms dont l'objet échappe à nos sens, et pour cela, appelés noms *imaginaires*, ou *idéaux*, ou *moraux*, par opposition aux noms *matériels* ou *physiques*, dont les objets sont saisissables à nos sens.

A ce mot *nom*, on a ajouté celui de *substantif* qui, grammaticalement parlant, en a le même sens et en est comme le synonyme. Très-peu d'étudiants comprennent et expliquent encore moins la signification du mot *substantif*, ajouté au nom.

Substantif vient de *substance* ; or, on appelle *substance*, tout être animé ou inanimé qui existe par lui-même et indépendamment de tout autre être. Ainsi, *Ernest*, existe par lui-même et indépendamment de *Ferdinand* ; celui-ci peut cesser d'exister, sans que l'existence d'*Ernest* en soit nullement altérée. Cette table a une existence indépendante de son banc ; l'or existe indépendamment du fer, etc., etc., autant de noms qui expriment des substances indépendantes les unes des autres ; donc autant de *noms substantifs*.

Observation. Si l'on considère le *nom* dans ses rapports avec les autres parties du discours, on reconnaît aussi que lui seul retrouve, parmi ces parties, le privilége d'exister par lui-même, sans le secours des autres. Celles-ci, bien loin de jouir du même privilége, sont tellement dépendantes les unes des autres, et particulièrement du *nom*, chargé en toute phrase du rôle principal, que toutes ont besoin de se ranger sous ses lois, pour obtenir une signification quelconque ; ainsi *l'article* est sans signification, s'il n'est pas joint à un nom ; il en est de même de *l'adjectif* qui ne reçoit un sens que du nom qu'il qualifie. C'est au nom seul que peut s'attribuer l'action d'un *verbe*, etc., etc.

QUATRIÈME LEÇON.

Différentes espèces de Noms.

PREMIÈRE RÈGLE. On distingue six espèces de noms, savoir : le *nom commun*, le *nom propre*, le *nom de nombre*, le *nom collectif*, le *nom partitif* et le *nom composé.*

Le *nom commun* est celui qui convient à tous les êtres et objets de la même espèce ; tels que, *homme*, *élève*, *collége*, *fleur*, etc.

Le *nom propre* ; nous ne répéterons pas avec la plupart des grammairiens, que le *nom propre* est celui qui ne convient qu'à une *seule* personne ou à une *seule* chose ; car, combien d'individus dans la même famille partagent le même nom !

combien d'objets, combien de villes et de lieux sont connus sous le même nom ! Pour être plus précis, nous dirons donc que le *nom propre* est, par opposition au *nom commun*, celui qui ne *convient pas à tous les êtres et à tous les objets de la même espèce;* mais seulement à quelques êtres particuliers; tel que le nom propre de *Turenne*, qui ne convient pas à tous les êtres de la même espèce, autrement à tous les hommes en général, mais bien à tous les particuliers descendants de ce grand capitaine; ce qui n'est pas convenir à un *seul*.

A ce premier exemple, nous ajouterons le suivant : Le nom propre *Ville-Neuve*, ne convient pas à tous les objets de la même nature, à toutes les villes de France, mais à *sept* qui partagent en particulier le même nom; ce qui n'est pas convenir *à une seule ville* ou *à un seul objet,* ainsi que le veut la définition routinière et trop restreinte, dont l'inexactitude nous a été souvent opposée par des élémentaires mêmes.

SECONDE RÈGLE. Il est cependant un cas particulier, qui vient même à l'appui de notre observation, tout en paraissant justifier la définition que nous combattons; c'est lorsqu'il s'agit de noms propres essentiellement individuels, et qui ne se partagent pas; tels que : *France, Paris, Seine, Pyrénées, Alpes,* et tant d'autres qui, comme ceux-ci, n'appartenant réellement qu'à un *seul* objet, veulent donc une définition particulière et autre que celle des noms propres qui se partagent entre plusieurs.

TROISIÈME RÈGLE. Le *nom de nombre* exprime la quantité de tout objet susceptible d'être compté ou mesuré : *un* volume, *deux* cahiers, *dix* plumes, *douze* pieds ou *deux* toises.

Les *noms de nombre* se divisent en noms *principaux* ou *primitifs*, et en noms *ordinaux* ou *secondaires*.

(*Observation.*) Nous préférons la dénomination de *principaux* ou de *primitifs* à celle de *cardinaux* plus en usage, il est vrai, chez les grammairiens, mais dont la vraie signification s'est toujours montrée au-dessus de l'intelligence des étrangers à la langue latine, dont ce mot tient son étymologie, autrement son origine ou sa dérivation.

Nous appelons donc *principaux* ou *primitifs*, les nombres qui servent à former les *secondaires*; tels que : *un, deux, quatre, douze, cent, mille*, etc., d'où naissent les secondaires *unième*, peu usité et remplacé par le mot *premier; deuxième* ou *second, quatrième, douzième, centième, millième*, etc.

Nous conservons à ceux-ci la dénomination d'*ordinaux*, parce que par lui-même, ce mot porte et indique suffisamment la signification qu'on lui donne, comme servant à marquer l'ordre des êtres ou objets, dont on veut indiquer la place et le rang : *Cet élève est quatrième* ou *le quatrième dans sa classe.* C'est-à-dire à la quatrième place, le quatrième rang dans sa classe.

Quatrième règle. Les noms de nombre *primitifs* sont tantôt employés comme *noms*, tantôt comme *adjectifs*. Comme *noms*, quand ils sont employés seuls et sans spécifier d'objets : *deux* est la moitié de *quatre. Quinze*, divisible par *cinq*, donne *trois ; quatre* est le tiers de *douze.*

Les nombres primitifs sont adjectifs, quand ils numèrent un objet, soit exprimé, soit sous-entendu : *Combien êtes-vous dans votre classe ? nous y* comptons *vingt élèves*, ou nous sommes *vingt ;* dans ces deux réponses, *vingt* est adjectif, comme adjoint à un nom exprimé dans la première, et sous-entendu dans la seconde.

Cinquième règle. Les noms de nombre *secondaires* sont de même, tantôt *adjectifs*, tantôt *noms ;* ils sont adjectifs, comme dans cet exemple : Je suis *premier, second, cinquième* de ma classe ; il est mieux de dire : je suis le *premier*, le *second*, le *cinquième ;* alors *premier, second, cinquième*, sans article, sont *adjectifs*. Ils deviennent *noms* par l'article qui, placé devant un adjectif, a la faculté d'en faire un nom, ainsi que nous le verrons plus bas. Dans *quatre cinquièmes, trois sixièmes, deux huitièmes*, les nombres secondaires *cinquièmes, sixièmes, huitièmes*, sont employés comme de simples noms.

Sixième règle. Le *nom collectif* est celui qui, quoique au singulier, présente l'idée de pluralité ou d'une collection totale d'êtres ou d'objets de la même nature et de la même espèce ; comme *foule, troupe, peuple, armée, collége, institution, forêt, bibliothèque*, etc., autant de noms qui offrent à l'esprit une collection d'*hommes*, de *soldats*, d'*élèves*, d'*arbres*, de *livres*, etc.

Le *nom partitif* exprime au contraire la partie d'une collection ou d'un tout. Le *nom partitif* est ordinairement composé de deux mots ; le premier marque la partie ou la quantité que l'on veut désigner sur la totalité ; le second exprime cette totalité dont le premier a pris et précisé une partie. Exemples : *La plupart des jeunes gens* nourrissent trop la mollesse et l'oisiveté. *Un nombre d'élèves* travaillent bien dans cette classe. *Quelques-uns de vos livres* indiquent le peu de cas que vous en faites.

SEPTIÈME RÈGLE. On classe encore parmi *les noms partitifs*, les noms fractionnaires, autrement les noms exprimant la fraction partielle d'un tout : *Un tiers de notre armée* a mis en fuite l'armée entière de l'ennemi. Cet élève n'a récité que le *quart de sa leçon. Un tiers*, *un quart*, noms fractionnaires exprimant une partie de la totalité de l'armée et de la leçon.

On, pronom indéfini, s'emploie tantôt pour exprimer un sens collectif ; ex. : *On naît pour mourir ;* tantôt pour exprimer un sens partitif ; ex. : *On cause à cette table*, dit un maître à une partie de sa classe.

HUITIÈME RÈGLE. Les *noms composés ;* on appelle ainsi tout nom formé de deux ou trois mots tellement liés ensemble, qu'ils n'expriment qu'un seul objet, tels que les composés, *arc-en-ciel, chef-d'œuvre, garde-fou, passe-port, rabat-joie*, etc. Nous renvoyons cet article après l'explication de toutes les parties du discours ; il est nécessaire de connaître les parties élémentaires de la composition de ces noms, avant d'asseoir les règles qui doivent indiquer celles de ces parties, variables ou invariables dans leur rapprochement.

CINQUIÈME LEÇON.

Du nombre des Noms en général.

PREMIÈRE RÈGLE. On distingue deux nombres : le *singulier* et le *pluriel*. Le *singulier* marque l'unité du nom dont on parle ; le *pluriel* avertit que le nom est employé sous le rapport de plusieurs.

DEUXIÈME RÈGLE. Le signe caractéristique du pluriel est en général la consonne S. Il est inutile d'observer que les noms qui terminent par cette lettre au singulier, ne changent point en passant au pluriel. Il en est de même pour les noms qui terminent leur singulier par les consonnes X ou Z : *le succès, les succès ; l'époux, les époux ; le nez, les nez.*

TROISIÈME RÈGLE. Les noms terminés en *al* au singulier, changent au pluriel la syllabe *al* en *aux ; le cheval, les chevaux ; l'animal, les animaux.*

Bal et *régal* conservent au pluriel la terminaison du singulier : *La jeunesse doit apporter beaucoup de réserve dans les régals, et une grande décence dans les bals.*

QUATRIÈME RÈGLE. Quelques noms terminés en *ail* font au pluriel *aux ; le travail, les travaux ; un bail, des baux ; le corail, les coraux ; l'ail, les aulx ;* etc.

D'autres terminent au pluriel comme au singulier ; tels que, *portail, détail, éventail,* etc.

Travail, exprimant une forte cage, dans laquelle les maréchaux assujettissent les chevaux difficiles, fait au pluriel comme au singulier, *les travails.*

CINQUIÈME RÈGLE. La consonne X est le signe du pluriel dans les noms terminés en *au, eu, ou; tableau, feu, chou;* au pluriel, *les tableaux, les feux, les choux.* Il en est de même pour *lieu,* marquant localité, *les lieux,* (à distinguer de *lieues,* distance en France, de deux mille deux cent quatre-vingt-deux toises, d'un endroit à un autre.)

Cependant quelques-uns font exception, quoique avec la même terminaison; tels que : *bleu, clou,* et quelques autres, qui au pluriel prennent l'S.

SIXIÈME RÈGLE. *Ciel* et *œil* s'emploient de deux manières, *ciel* exprimant le firmament, fait les *cieux;* s'il exprime le *ciel* d'un lit ou de tableaux, on dit, les *ciels.*

OEil, pour désigner le sens de la vue, au pluriel, les *yeux* d'un homme, d'un animal, d'un bœuf.

OEil, employé comme terme d'architecture, fait au pluriel comme au singulier; on dira : cette salle n'est éclairée que par des *œils de bœuf,* (croisées absolument rondes). *Aïeul* fait au pluriel *aïeux.*

SEPTIÈME RÈGLE. Les noms de métaux ne s'emploient point au pluriel; on ne dit pas *les ors, les argents, les fers, les plombs;* si quelquefois on dit : *les fers* et *les plombs* de ce bâtiment ont payé le prix de son acquisition; on n'entend pas ici parler du fer et du plomb, sous le rapport du métal proprement dit, mais des objets en fer et en plomb, enlevés à cet édifice.

HUITIÈME RÈGLE. Sont également sans pluriel, 1°. les noms des qualités morales, comme : *la prudence, la sagesse, la candeur, la justice, l'application, le zèle, l'émulation,* etc.

2°. Les noms qui distinguent les différentes saisons de là vie ; *l'enfance, l'adolescence, la jeunesse, la vieillesse.*

3°. Les noms des sciences et des arts ; *la médecine, l'astronomie, la logique, la physique, l'architecture, la peinture, le dessin ;* quand on dit : les *dessins* de ces élèves annoncent du goût ; on entend le travail, les objets dessinés par ces élèves, etc.

4°. Tous les noms dérivés des langues anciennes ou modernes ne prennent point le pluriel, tels que : les *duo,* les *in-quarto,* les *in-octavo,* les *déficit,* les *accessit,* les *agenda,* les *duplicata,* les *zéro,* les *alinéa,* les *bravo,* les *piano,* etc. Souvent des artistes distingués même par des talents supérieurs, mais étrangers peut-être aux études littéraires, s'écartent de cette règle ; ce n'est pas une raison pour violer le principe qui n'a concédé à l'usage qu'une exception en faveur de *numéro,* auquel on accorde le signe du pluriel, les *numéros.*

NEUVIÈME RÈGLE. D'autres noms ne s'emploient qu'au pluriel ; tels que : *mathématiques, belles-lettres, mœurs, vêpres, obsèques, funérailles,* etc.

Observations. 1°. Lorsque certains mots, empruntés aux langues anciennes ou modernes, se présentent à la plume, il est mieux de les souligner.

2°. Depuis quelque temps, l'usage prive du T

le pluriel des noms dont le singulier termine par cette consonne. Ainsi, plusieurs écrivent *document*, *élément*, *enfant*, *présent*, en remplaçant au pluriel le T par une S; *enfans*, *élémens*, *documens*, *talens*, etc.

Le principe dit de former le pluriel, en ajoutant l'S; il ne dit pas de substituer l'S au T. De plus, en privant ces noms de leur finale au singulier, n'est-ce pas les dépouiller de la lettre caractéristique et étymologique qu'ils tiennent d'une langue mère? Est-il bien permis à des enfants d'altérer ainsi l'orthographe du nom qu'ils ont reçu de leur origine? Les novateurs, partisans de l'usage auquel ils ont soumis également les adjectifs terminant par la finale T, ont reconnu la nécessité de créer une exception en faveur des noms et des adjectifs d'une seule syllabe; ils leur conservent le T, auquel le pluriel ajoute sa marque; ainsi, la *dent*, les *dents*, le *chant*, les *chants*, le *saint*, les *saints*. Pourquoi se mettre dans l'obligation de multiplier les exceptions? On a toujours dit : les exceptions tuent les lois. Appliquons cette vérité aux règles de notre langue, déjà trop fatiguée d'exceptions particulières, souvent en opposition avec la raison elle-même.

SIXIÈME LEÇON.

Du genre des Noms.

Première règle. La langue française n'a que deux genres, le *masculin* et le *féminin*. La raison a pu fixer le genre des êtres animés, suivant le sexe dans lequel la nature les a fait naître; ainsi appartiennent au genre masculin les êtres animés : *homme, père, fils*, etc. parce que la nature les a fait naître dans le sexe mâle, désigné par le genre masculin. *Femme, mère, fille*, etc. sont du féminin, comme êtres femelles.

Les êtres inanimés, les noms idéaux et imaginaires, tout-à-fait étrangers à la désignation naturelle des sexes, ont reçu de l'usage le genre qui les distingue.

Deuxième règle. Les noms pour le singulier, comme pour le pluriel, n'ont ordinairement qu'un seul genre; cependant notre langue nous offre quelques exceptions, dont nous donnerons ici celles qui se présentent le plus à l'usage.

Aide, ce nom est du féminin, quand il exprime l'assistance, le secours porté à quelqu'un dans une occasion quelconque; il est du masculin, quand il désigne une personne placée sous une autre, pour la servir dans son emploi, tels que *aide-major, aide-de-camp, aide-de-cuisine*.

Aigle, exprimant l'oiseau de ce nom, est masculin. *Aigle, signe, enseigne*, féminin; les *aigles romaines ont plus d'une fois conduit à la victoire*.

Amour, masculin au singulier. *Un amour constant;* féminin au pluriel, de *folles amours*.

Il en est de même de *délices* et de *orgues;* mes plus *grandes* délices sont d'entendre toucher des orgues *harmonieuses*. Il est pénible d'entendre un *bon orgue* sous la main d'un mauvais artiste. En poësie, *amour* est arbitrairement *masculin* ou *féminin* aux deux nombres.

Automne change de genre suivant la place de l'adjectif qui le qualifie; *masculin*, si l'adjectif est placé devant; *féminin*, s'il est placé après; nous avons cette année un *bel* automne; il ne ressemble point à l'automne *pluvieuse* de l'année dernière. L'usage soumet insensiblement ce nom au genre des autres saisons, au masculin seul.

Couple, employé pour exprimer deux objets quelconque, est féminin; j'ai dîné avec *une couple d'œufs* et avec *une couple de pigeons*, pour, j'ai dîné avec *deux* œufs et avec *deux* pigeons.

Quand *couple* exprime deux personnes unies ensemble par un sentiment pur, ou par le mariage, il est du masculin; ces deux voisins forment un *beau* couple d'amis; voilà un *beau* couple d'époux.

Enseigne, *masculin*, quand il s'agit de celui qui porte l'enseigne ou le drapeau; *féminin*, quand il exprime le drapeau même; *les enseignes françaises sont toutes aux armes du monarque.*

Élève, *enfant*, ont les deux genres, suivant le sexe auquel on applique ces dénominations : *Cet enfant est un bon élève dans sa classe; cette enfant est la meilleure élève de l'Institution de madame* * * *.

Equivoque a pris long-temps les deux genres; aujourd'hui il est plus communément employé au féminin.

Evangile, trop fréquemment employé au féminin, n'a que le masculin : *le saint évangile.*

Exemple, *féminin*, exprimant un modèle d'écriture : je m'applique mieux à écrire, quand j'ai une *belle* exemple à copier.

Exemple est *masculin*, quand il s'agit d'un exemple cité à la suite d'une règle pour en faciliter l'intelligence, ou d'un exemple de conduite, bon ou mauvais.

Foudre, *féminin*, exprimant l'effet du tonnerre; *la foudre est tombée* sur la flèche de cette cathédrale. *Foudre*, *masculin*, quand il est employé pour exprimer la force, la valeur et les conquêtes rapides d'un grand capitaine : *c'est un foudre de guerre.* On emploie encore ce mot pour exprimer la haute éloquence d'un orateur qui excite de puissantes émotions sur son auditoire; le père Briden étoit *un foudre d'éloquence* évangélique.

Gens, ce mot veut au *féminin* tous les adjectifs placés devant lui; *voilà de bonnes gens.* Cependant l'adjectif *tout* conserve le *masculin* pluriel, quand il accompagne un adjectif dont la terminaison est la même, soit au *masculin*, soit au *féminin*, tels que les adjectifs *aimable*, *honnête*, *brave*, *sage*, etc. *Tous les aimables gens, tous les braves gens qui composent cette famille, méritent l'estime de tous les honnêtes gens.*

Mais si l'adjectif prend au *féminin* une terminaison autre que celle du *masculin*, comme *vieux*, féminin, *vieille*, *tout* se conforme à la règle générale et prend le féminin; ainsi on dira : il faut respecter *toutes les vieilles gens.*

Le mot *gens* veut au *masculin* tous les adjectifs placés après lui; ex. : *Il faut aider les gens tourmentés d'infirmités et poursuivis par le malheur.*

Hymne, *féminin*, quand il s'agit des hymnes

consacrées par l'Église ; *masculin*, lorsqu'il désigne les chants de la victoire, les hymnes *guerriers*, *chantés* à la mémoire d'un triomphe.

Horloge, mieux du *féminin*, malgré l'usage qui lui donne assez indistinctement les deux genres.

Office, *féminin*, quand il s'agit de l'office d'une salle à manger ; *masculin*, en tout autre emploi.

Période, *féminin*, 1°. comme terme d'astronomie, pour exprimer le mouvement, la révolution que fait un astre d'un point à un autre ; 2°. comme terme de chronologie, exprimant les époques ; 3°. comme terme de rhétorique, exprimant la partie d'un discours, une phrase prolongée par plusieurs membres ; 4°. enfin, comme terme de médecine, en parlant de la révolution d'une fièvre, d'une douleur, etc. *Cette fièvre a sa période déterminée ; cette douleur au contraire a une période* très-variable.

Période, *masculin*, quand il exprime le plus haut point, le degré le plus élevé d'une chose : *Ce jeune professeur porte déjà le talent de l'improvisation à son plus haut période.*

Personne, *masculin*, quand il n'est pas précédé d'un article ; *féminin*, avec l'article ; ex. : *Personne ne sera jamais aussi estimé que la personne vertueuse et instruite, dont vous m'avez parlé.*

Troisième règle. Nous avons des substantifs qui s'appliquent au sexe féminin, sans changer leur terminaison masculine ; tels que : *amateur, auteur, docteur, écrivain, garant, médecin, peintre, témoin*, etc.

Avocate a quelques autorités en sa faveur. Il en est de même du mot *procureur* qui prend le féminin *procureuse* ; ce dernier est peut-être un peu hasardé.

De même, parmi les noms d'animaux, nous en trouvons plusieurs qui n'ont qu'un genre pour exprimer indistinctement les deux sexes ; tels que : le *lièvre*, le *renard*, le *brochet*, la *carpe*, le *cygne*, le *pigeon*, etc.

Observation. Nous venons de voir que certains noms étaient susceptibles de prendre les deux genres : l'un au singulier, l'autre au pluriel ; mais il faut éviter d'employer dans la même phrase le même nom, tantôt au masculin, tantôt au féminin, comme dans cet exemple : *Un amour constant est de toutes* (les amours) *le plus précieux et le plus cher* pour deux cœurs vertueux. Dites : *Un amour constant est le plus précieux et le plus*, etc.

SEPTIÈME LEÇON.

Nous avons vu les règles sur la formation du pluriel des noms en général ; il nous reste à voir l'application de ces règles aux diverses espèces de noms.

DU PLURIEL DES NOMS COMMUNS.

Plusieurs cas déterminent le passage d'un nom du singulier au pluriel.

PREMIÈRE RÈGLE. Lorsque le nom est pré-

cédé d'un des articles *les*, *des*, *aux*; exemple :
J'ai donné *aux élèves* de cette classe, *les leçons*
d'usage et *des vers* à apprendre.

DEUXIÈME RÈGLE. Lorsque le nom est précédé d'un des adjectifs possessifs ou démonstratifs au pluriel; ex. : *Ces cahiers* sont utiles à *mes
études*; *les premiers amis* d'un élève sont *ses
livres*; *les bons écoliers* soignent avec attention
les instruments de leurs études.

TROISIÈME RÈGLE. Un nom veut être au pluriel, quand il est précédé d'un des noms de
nombre primitifs; cette classe compte *vingt
élèves* animés d'émulation, et *deux* ou *trois es-
prits* froids, insensibles à la gloire *des* succès.

QUATRIÈME RÈGLE. Un nom prend le pluriel,
quand, susceptible d'être compté, il est précédé, 1°. de certains noms *collectifs* ou *partitifs*; 2°. de certains adjectifs; 3°. de certains
adverbes exprimant, comme ces adjectifs, *quantité*, *possession* ou *privation* : exemples :

1°. D'un *nom collectif. La foule des citoyens*
s'est portée à la rencontre du vainqueur.

D'un nom partitif : La plupart des élèves sont
plus amis du jeu que de l'étude.

2°. Exemple d'un adjectif indiquant *quantité*,
possession : Partout on estime les élèves *remplis
de talents*.

Exemple d'un adjectif marquant privation :
Un maître, ami de ses devoirs, soigne particulièrement les élèves *privés de dispositions*.

Exemple de deux adverbes, l'un marquant
quantité, l'autre *privation :* Cet élève joint à son
application *beaucoup d'efforts*, quoique avec
peu de moyens réels.

2

Plusieurs et *quelque*, (ce dernier adjectif *prépositif*, c'est-à-dire, toujours posé, placé devant un nom,) peuvent être, l'un et l'autre, compris parmi les noms partitifs. *Plusieurs*, essentiellement pluriel, et *quelques* au pluriel, y régissent le nom auquel ils sont joints; ex. : *Plusieurs élèves* m'ont récité *quelques fables* très - intéressantes.

Cette quatrième règle reçoit plus de développement dans la partie syntaxe.

HUITIÈME LEÇON.

Du pluriel des Noms propres.

PREMIÈRE RÈGLE. Le nom propre n'appartenant qu'aux individus à qui l'on parle, ou de qui l'on parle, est individuel, et comme tel il ne peut avoir de pluriel, ainsi on dira : Les *Fénélon*, les *Bossuet*, les *Bourdaloue*, ont illustré le règne de Louis XIV. Les *Turenne*, les *Condé*, ont ajouté à la gloire des armes françaises. C'est comme si l'on disait : les grands généraux qui s'appelaient *Condé* et *Turenne*, ont ajouté à la gloire des armes françaises.

DEUXIÈME RÈGLE. Il arrive souvent d'employer, par abréviation, le nom propre d'un individu, pour attribuer à d'autres ses qualités bonnes ou mauvaises. Alors, ce nom propre devient nom commun *qualificatif*, à l'instar de quelques noms communs, souvent employés comme qualificatifs; exemple : *Ce brave capi-*

taine est un *héros dans les combats ; ce jeune homme est déjà un orateur.* Héros, orateur, noms communs de leur nature, sont employés ici comme *qualificatifs;* comme tels, ils sont soumis aux règles des adjectifs qualificatifs.

Si à la place de ces noms communs, je mets des noms propres, ils en rempliront les fonctions ; comme eux, ils seront *qualificatifs;* comme eux, ils seront soumis aux règles d'accord avec le nom qu'ils qualifient.

Ainsi, si au lieu de dire : *Ces capitaines montrent dans les combats toute la bravoure et tous les talents militaires de César ; ces jeunes professeurs ont déjà toute l'éloquence et tout l'art oratoire de Cicéron*, je réduis, par abréviation, ces phrases à celles-ci : Ces capitaines sont des *Césars ;* ces jeunes professeurs sont déjà des *Cicérons ;* il est clair que les noms propres *César* et *Cicéron* deviennent de vrais noms *qualificatifs*, tels que les noms *héros* et *orateur* dans les exemples ci-dessus, et que comme eux, ils doivent recevoir le pluriel des noms ou sujets auxquels ils se rapportent.

Quelques grammairiens considèrent, en pareil cas, ces noms propres comme des adjectifs qualificatifs ; comme tels, ils les soumettent à la loi de l'accord ; ce qui rentre dans la règle que nous venons d'expliquer.

NEUVIÈME LEÇON.

Du pluriel des Noms collectifs et des Noms partitifs.

Première règle. Les noms collectifs qui présentent l'idée de pluralité et d'une collection entière, tels que : la *foule*, la *troupe*, la *multitude*, le *peuple*, la *forêt*, le *collége*, la *bibliothéque*, etc., prennent la marque du pluriel, quand ils sont précédés des mots qui y soumettent les noms communs. Une bonne police s'empresse de dissiper *les foules* qui se forment dans les lieux publics. On admire la bonne tenue *des troupes* françaises. On fait de bonnes études dans *les colléges* de Paris ; on y compte nombre *de bibliothéques*, etc.

Deuxième règle. Nous avons dit que les noms partitifs qui indiquent la partie d'une collection ou d'un tout, se composent de deux mots. Le premier indique la quantité ou la partie que l'on prend sur la totalité des êtres ou objets indiqués par le second. C'est ce second qui ordinairement se met au pluriel. En effet, dans les exemples, *la plupart des élèves* sont plus portés au jeu qu'à l'étude ; *une foule de bons citoyens* se sont précipités contre *une troupe de malfaiteurs* ; c'est comme si vous disiez : *plusieurs élèves* sont plus portés, etc. ; *quelques bons citoyens* se sont, etc.

Observation. C'est à tort que quelques élèves comprennent dans les noms collectifs les expressions suivantes : *Une multitude d'élèves, une troupe de soldats, une foule de citoyens.* Il faut admettre cette différence entre ces expressions limitées par le prépositif *une*, et celles illimitées par l'article *la*. Nous verrons à la leçon des diverses fonctions de l'article, la faculté qu'il a de généraliser l'expression devant laquelle *le*, *la*, *les* se trouvent placés. En effet, qui dit : *La troupe des* soldats, *la foule des* citoyens, comprend *la totalité des* soldats, *la totalité des* citoyens ; tandis que par, *une* troupe de soldats, *une* foule de citoyens, on n'entend réellement qu'*une partie* des soldats dont un nombre quelconque forme une troupe ; on n'entend de même qu'*un certain nombre* de citoyens qui se présentent en foule. Tel est le sens qu'il faut donner à ces expressions partitives.

DIXIÈME LEÇON.

Du pluriel des Noms de nombre.

PREMIÈRE RÈGLE. Les noms de nombre *principaux* ou *primitifs*, que nous avons ainsi appelés, comme étant l'origine et le principe créateur des noms de nombre secondaires, ne prennent pas en général la marque du pluriel. Cependant quatre font exception, *million, milliard*, quand ils sont précédés d'un mot indiquant pluralité ; *deux millions, cent millions, quatre milliards.*

Les deux autres nombres susceptibles de prendre le pluriel, sont : *cent* et *vingt*, pourvu encore qu'ils aient les deux conditions suivantes :

1°. Qu'ils soient précédés d'un nom de nombre qui les multiplie et leur imprime ainsi la pluralité ; comme *deux cents, quatre cents ; quatre-vingts, six-vingts.*

2°. Que *cent* et *vingt* soient suivis *immédiatement* du nom qu'ils numèrent (immédiatement, ou sans mot intermédiaire). Si l'une de ces conditions manque, *cent* et *vingt* restent invariables. Exemple : Cet auteur a composé *quatre cents fables ;* plusieurs de ces fables comptent *quatre-vingts vers.*

Ces deux exemples possèdent les deux conditions. Dans le premier, *cent* est précédé du nombre *quatre,* qui le multiplie ; car ce n'est pas *quatre* plus *cent,* mais *cent* répété quatre fois.

A cette première condition, se joint la seconde qui exige que *cent* soit suivi immédiatement du nom numéré, c'est-à-dire ici du nom *fables ;* en effet, aucun mot intermédiaire ne se trouve placé entre *cent* et *fables ;* or, ce premier exemple remplit les deux conditions exigées ; donc le nombre *cent* prend avec raison la marque du pluriel.

Nous pourrions soumettre le second exemple au même raisonnement ; nous trouverions dans la présence des deux conditions remplies, le droit du nombre *vingts* au signe du pluriel.

Pour achever l'intelligence de cette règle, privons un de ces exemples d'une des conditions dont il jouit ; cet exercice nous familiarisera avec le pouvoir qu'elles ont d'imposer le singulier ou le pluriel à *cent* et à *vingt.* Prenons le second exemple, *plusieurs de ces fables comptent quatre-vingts vers.* Si au lieu du nombre *quatre,* je mets le nombre *cent*, la première condition disparaît, car le nombre *vingt*, précédé de *cent*, ne se trouve plus multiplié ; ce n'est pas cent fois vingt, mais *cent* plus *vingt* ; donc *vingt* est privé de la première condition, autrement du caractère de pluralité ; donc il n'en prendra point le signe.

Si, conservant la première condition, je mets un nombre intermédiaire entre *vingt* et le nom *vers* ; *plusieurs de ces fables comptent quatre-vingt-dix vers*, la seconde condition disparaît, et *vingt*, quoique muni de la première condition, restera au singulier. A plus forte raison, si les deux conditions venaient à manquer, *vingt* serait invariable.

DEUXIÈME RÈGLE. Quelquefois le nom numéré après *cent* et *vingt*, n'est point exprimé ; quoique sous-entendu, la règle ne s'en exécute pas moins. Cet auteur a composé *quatre cents fables* ; j'en ai appris *deux cents*, pour j'en ai appris *deux cents fables*.

Il n'en est pas de même dans ces manières de parler, *l'an mil sept cent ; l'an mil sept cent quatre-vingt.* Il est clair que *cent* et *vingt*, privés de tout nom à leur suite, ne peuvent avoir la seconde condition, puisque la chose comptée, *an*, est, suivant l'usage, exprimée avant le nombre total.

TROISIÈME RÈGLE. Le mot *mille* a trois orthographes différentes ; elles embarrassent quelquefois les étudiants.

1°. *Mille*, nombre primitif, né prend jamais le pluriel, quand il sert à compter ; exemple : *Deux mille* cavaliers français ont suffi pour renverser *dix mille* Prussiens. *Quatre mille ans* après la création du monde, parut un nouveau législateur.

2°. Il ne faut pas confondre ce *mille*, nombre primitif, avec *mille*, nom commun, exprimant une mesure itinéraire de *mille pas*, employée pour mesurer la distance, le chemin d'un endroit à un autre. Comme nom commun, *mille* est ici soumis à la règle générale et prend le pluriel, de même que les autres mesures, *pied*, *toise*, *mètre*, *lieue*, *aune*, etc. Exemple : *Trois milles* de France contiennent *trois mille pas*. Le premier *mille* est employé comme mesure, donc déclinable. Le second *mille*, nom de nombre, donc indéclinable.

Mille, pour marquer la date des années, s'abrége et s'écrit *mil* : *L'an mil huit cent, l'ancien Collége de Sainte-Barbe fut rendu aux études. L'an mil huit cent vingt-trois, les Français entrèrent en Espagne.*

QUATRIÈME RÈGLE. Les noms de nombres *secondaires* ou *ordinaux*, sont déclinables, soit qu'on les considère comme *adjectifs*, soit qu'on les considère comme *noms*.

Comme *noms*; les quatre *cinquièmes*, les cinq *sixièmes* de trente-six, les quatre *huitièmes* de quarante, etc. *Cinquièmes*, *sixièmes*, *huitièmes*, nombres secondaires, considérés comme noms, sont portés au pluriel par les nombres primitifs qui les précèdent.

Comme *adjectifs*, les nombres secondaires sont déclinables. Ex. : Les élèves *neuvièmes*, *douzièmes* et même *quinzièmes* de leur classe, ont l'espoir, en s'appliquant bien, de monter à la *troisième*, à la *seconde* et même à la *pre-mière* place.

. (*Observation.*) Parmi les noms principaux ou primitifs, *un* est le seul qui prenne le féminin ; alors il fait les fonctions de l'article. Ex. : *Un* bon père est aussi exigeant pour ses enfants, qu'*une* mère est faible avec eux.

Un prend aussi le pluriel, quand il est ainsi employé : parmi les élèves, *les uns* se distinguent par leurs succès ; les autres par leur bonne conduite.

DU PLURIEL DES NOMS COMPOSÉS.

(*Observation.*) Nous avons annoncé plus haut les motifs qui nous déterminaient à renvoyer cette règle après la connaissance parfaite des parties du discours, qui toutes, la *conjonction* et l'*interjection* exceptées, entrent dans la composition de ces noms.

ONZIÈME LEÇON.

De l'Article.

L'*article* est un mot qui, par lui-même, n'a aucune valeur, aucune signification, s'il n'est pas placé devant un nom.

PREMIÈRE RÈGLE. Notre langue distingue deux sortes d'articles, *l'article simple* et *l'article composé.*

L'article simple *le*, pour le singulier masculin, fait *la*, pour le singulier féminin. Ex. : *Le* père, *la* mère. *Le* et *la* font *les* au pluriel, pour les deux genres : *les pères*, *les mères*.

DEUXIÈME RÈGLE. *L'article composé* se forme du singulier ou du pluriel des articles simples, joints et fondus, pour ainsi dire, avec une des deux prépositions *à* ou *de*; ainsi, la préposition *à*, fondue avec l'article simple *le*, donne par contraction, autrement par la réduction des deux syllabes *à* et *le*, l'article composé *au*, pour le singulier.

Par la réduction des deux syllabes *à* et *les*, on a le composé *aux*, pour le pluriel. On dira donc : Respect au père de famille; reconnaissance *aux* mères de famille, au lieu de, *à le* père, *à les* mères de famille.

De même la préposition *de*, fondue avec l'article *le*, donne par réduction les composés *de* ou *du*. Ex. : Il faut beaucoup *de* travail dans les études; elles demandent *du* soin; pour *de le* travail, *de le* soin.

La même préposition *de*, fondue avec le pluriel *les*, donnera de même par réduction l'article composé *des*. Ex. : *L'application* constante assure tôt ou tard *des* progrès, *des* pour *de les*.

TROISIÈME RÈGLE. Pour employer à propos les articles, soit simples, soit composés, il est nécessaire de bien connaître leurs différents usages, autrement leurs diverses facultés. Nous leur en comptons cinq.

1°. La première faculté de *l'article* est d'indiquer le genre des noms; *le cahier, la plume, au père, à la mère*, etc.

2°. La seconde faculté de *l'article* est de désigner le singulier ou le pluriel des noms; *les cahiers, les plumes, aux pères, aux mères*, etc.

3°. La troisième faculté de *l'article* est en se plaçant devant un adjectif, devant un verbe et devant certaines prépositions, d'en faire des noms communs. Exemples :

Devant un adjectif; *le beau, l'agréable, l'utile* de votre campagne, c'est d'y trouver le *nécessaire; le bon* de votre affaire, *l'intéressant* de votre position, etc.

Devant un verbe; *au sortir* de cette auberge, nous nous sommes plaints du *boire*, du *manger* et du *coucher*, qu'on nous a présentés.

Devant certaines prépositions; la vue *du devant* de votre maison est plus intéressante que la vue aperçue *sur le derrière; le dedans*, comme *les dehors* dé votre habitation, sont très-agréables.

4°. La quatrième faculté de *l'article* est de joindre ensemble les noms et les autres parties du discours, comme les articles dans le corps animal en joignent tous les membres. Ex. : *J'ai cueilli des fleurs et des fruits du jardin de mon père.* Supprimez les articles, vous aurez la phrase insignifiante : *J'ai cueilli fleurs, fruits jardin mon père.*

5°. La cinquième faculté de *l'article* est de généraliser ou de particulariser la signification du nom qu'il précède. Exemple : J'ai acheté *les* livres de la bibliothéque de votre ami, ou, j'ai acheté *des* livres de la bibliothéque de votre ami. Il est clair que ces deux exemples comparés ensemble ne représentent pas la même pensée ni la même acquisition. Le premier, par l'article *les*, généralise et annonce que j'ai acheté sans exception tous les livres. Le second exemple, par l'article composé *des*, particularise et limite mon acquisition à quelques livres seulement.

DOUZIÈME LEÇON.

De l'Adjectif ou Qualificatif.

Le mot *adjectif* (du latin, *adjectus*, *adjectivus*, ajouté). On le définit ordinairement mot ajouté à un autre pour le modifier. Cette définition peut s'appliquer à plusieurs autres parties du discours ; 1°. à l'article que quelques grammairiens mettent au rang des adjectifs, comme modifiant le nom auquel il est joint ; 2°. à quelques pronoms essentiellement joints à un nom ; 3°. à l'adverbe même, qui n'a de sens et de valeur qu'autant que, comme l'adjectif, il est adjoint à un mot qu'il modifie.

Pour distinguer l'adjectif proprement dit, et dont il s'agit ici, nous l'appellerons encore *qualificatif*, comme exprimant en effet une qualité attribuée à un être ou à un objet quelconque.

Le *qualificatif* n'a par lui-même ni genre, ni nombre ; toujours subordonné au nom qu'il qualifie, que ce nom soit exprimé ou sousentendu, le *qualificatif* en reçoit le genre et le nombre ; il en reçoit même la signification ; car isolés, les qualificatifs, tels que *bon*, *tendre*, *gracieux*, *studieux*, ne présentent qu'une signification vague et indéterminée ; elle a besoin, pour être précisée et complète, d'être attribuée et associée à un nom, *un père bon*, *une mère tendre*, *un ton gracieux*, *un élève studieux*.

ACCORD DU QUALIFICATIF.

Cet accord comprend cinq règles principales.

Première règle. Si le *qualificatif* n'a rapport qu'à un nom, il en prend le genre et le nombre. Exemple : *Ce beau livre* renferme une *histoire amusante;* on voit dans ce *grand jardin* de *belles fleurs* et de *beaux* fruits.

Deuxième règle. Si le *qualificatif* se rapporte à deux noms au singulier et du même genre, il se met au pluriel, avec le genre des deux noms. Mon père et mon maître *contents* de mon travail. Ma mère et ma sœur *satisfaites* de ma lettre. Mon appartement et mon jardin *situés* commodément pour mon travail.

Troisième règle. Si le *qualificatif* se rapporte à deux êtres animés et de différents genres, il prend le pluriel et le *premier* genre, c'est-à-dire le masculin, comme formant le *second* ou le féminin. Mon père et ma mère *joyeux* de mes succès.

Quatrième règle. Si les deux noms auxquels se rapporte le *qualificatif*, indiquent des objets inanimés, il prendra le genre et le nombre du dernier nom, auquel il est joint immédiatement. Exemple : Cet élève fait preuve dans ses études d'un talent et d'une modestie *admirée* de ses condisciples même.

Observation. Cette règle, fondée sur la dureté que produirait une finale masculine à côté d'un nom féminin, donne lieu à quelques dévelop-

pements qui appartiennent davantage à la syntaxe.

Cinquième règle. Si, en pareil cas, le *qualificatif* n'était pas joint immédiatement au nom,
s'il en est séparé par le verbe *être* ou par un des
verbes neutres, tels que *paraître*, *devenir*,
exister, *vivre*, *mourir*, etc., alors le *qualificatif*
rentre dans la règle générale; il prend le pluriel
et le premier genre; les arts et les sciences paraissent particulièrement *cultivés* dans l'éducation actuelle. La même règle s'observe à plus
forte raison à l'égard des êtres animés. Votre
frère et votre sœur deviennent *forts* dans leurs
études. Votre père et votre mère vécurent généralement *estimés*, aussi moururent-ils *re-
grettés* de tout le monde.

TREIZIÈME LEÇON.

Du pluriel des Qualificatifs.

Première règle. La lettre S, que nous avons
signalée comme la marque caractéristique du
pluriel dans les noms, est également le signe
du pluriel dans les qualificatifs en général; car
il y a des exceptions commandées par certaines
lettres finales dans quelques qualificatifs, tels
que *douloureux*, *généreux*, etc., qui terminent au
masculin pluriel comme au singulier : Des cha-
grins vraiment *douloureux* sont peu connus de
l'homme constamment *heureux*.

Deuxième règle. D'autres qualificatifs, au

lieu de l'S, prennent l'X au pluriel; tels que *beau*, *nouveau*, *fou*, etc. Exemple : Les livres *nouveaux*, les *beaux* ouvrages, sont déplacés dans les mains des *foux*.

Troisième règle. Les qualificatifs en *al* ne changent point de terminaison au pluriel masculin, tels que *fatal*, *filial*, *final*, *naval*, etc., qui se bornent à prendre l'S; mais ils ont le pluriel féminin : Des mois *fatals*, au masculin pluriel; des paroles *fatales*, des lettres *finales*, les armées *navales*.

Beaucoup des exceptions que nous avons données pour le pluriel de quelques noms, sont applicables au pluriel de certains qualificatifs.

DE LA FORMATION DU FÉMININ DANS LES QUALIFICATIFS.

Première règle. Les qualificatifs qui terminent au masculin par un E muet, conservent la même terminaison au féminin : *Un devoir facile, une leçon facile; des fables admirables.*

Deuxième règle. Les qualificatifs terminant par une consonne ou par toute autre voyelle que l'E muet, prennent au féminin la lettre E. Un père *adoré* de ses enfants, une mère *adorée* et *chérie;* un enfant *intéressant* par ses bonnes qualités; une femme *intéressante* par sa douceur et *assidue* à ses devoirs de mère.

Troisième règle. Dans certains qualificatifs, la consonne se double devant l'E muet final.

Exemple : Cruel, *cruelle ;* épais, *épaisse ;* nul, *nulle ;* bon, *bonne,* etc.

QUATRIÈME RÈGLE. Dans les qualificatifs terminés au masculin par une F, cette consonne se change en *ve :* actif, *active,* bref, *brève ;* neuf, *neuve ;* offensif, *offensive ;* etc.

CINQUIÈME RÈGLE. Les qualificatifs *beau, nouveau, fou, vieux,* font *bel, nouvel, fol, vieil,* devant les noms masculins au singulier, commençant par une voyelle ou par H non aspirée. On dit donc : *Un bel arbre, le nouvel an, un fol espoir, un vieil homme,* etc. De là, la formation du féminin, en doublant la consonne L que l'on fait suivre de l'E muet : une *belle* fleur, la *nouvelle* année, une tête *folle,* une *vieille* histoire.

SIXIÈME RÈGLE. Les qualificatifs suivants et leurs semblables, forment leur féminin d'une manière toute particulière. *Doux* et *faux,* au féminin, *douce, fausse ; heureux* et *jaloux,* au féminin, *heureuse* et *jalouse ; blanc, franc* et *sec,* au féminin, *blanche, franche* et *sèche ; benin* et *malin,* au féminin, *bénigne* et *maligne ; caduc, public* et *grec,* au féminin, *caduque, publique* et *grecque. Long* fait *longue.*

Pour toutes ces exceptions et autres de cette nature, consultez les bons dictionnaires et l'usage dans le *monde lettré.*

DE L'EMPLOI ET DE LA PLACE DES QUALIFICATIFS.

L'ordre des pensées détermine principalement la place que chaque mot doit occuper dans une proposition ; ainsi, le nom d'une personne ou d'une chose, voilà le premier objet de ma pensée. Juger que telle ou telle qualité lui convient, la lui attribuer, tel est le second objet de ma pensée ; donc la place naturelle du qualificatif est immédiatement après le nom, dont il exprime la qualité qu'on lui attribue.

PREMIÈRE RÈGLE. Mais souvent l'usage fondé sur le goût et sur une certaine satisfaction de l'oreille, (ce qui est la même chose, sur l'harmonie), en décide tout autrement. Ainsi, quelquefois le qualificatif se placera avant le nom, et on dira : *Un grand orateur, un grand général, un brave soldat, un bon écolier*, etc. D'autres fois le qualificatif se placera nécessairement après, comme : *Un écolier diligent, un soldat courageux, un général éclairé, un orateur éloquent, drap rouge, robe bleue, air modeste, devoir soigné, leçon récitée*, etc.

DEUXIÈME RÈGLE. Il est certains qualificatifs qui se placent arbitrairement avant ou après le nom ; cependant, il faut examiner s'ils ne changent pas de signification par la place qu'on leur donne. Exemples : *Honnête homme* et *homme honnête* présentent deux sens ou deux qualités différentes ; *l'honnête homme* se dit *d'un homme probe et vertueux* ; *l'homme honnête* indique *l'homme poli et affable*. Une *certaine nouvelle* ne veut pas dire une *nouvelle certaine*. *Le grand homme* (par son mérite), est préférable à *l'homme grand* (par sa taille). *Un pauvre homme* (sans esprit et sans tact), se fait moquer ou mépriser, tandis qu'on plaint et qu'on soulage *l'homme pauvre* (sans fortune), etc.

TROISIÈME RÈGLE. Nous avons vu que par la troisième faculté de l'article placé devant les qualificatifs, on pouvait les employer comme des noms communs. On doit considérer les qualificatifs ainsi employés, comme ne cessant pas d'appartenir à leur première nature ; en effet on trouvera toujours à ces qualificatifs un rapport avec un nom sous-entendu. Exemple : *Le sage se rit du fou*, pour, *l'homme sage se rit de l'homme fou.*

QUATORZIÈME LEÇON.

Des trois degrés de signification, par lesquels le Qualificatif est susceptible de passer ; autrement, du Positif, du Comparatif, et du Superlatif.

Nous avons dit que le qualificatif exprimait la qualité convenable à un nom ; mais il y a trois manières d'exprimer et de graduer cette qualité ; c'est ce que l'on appelle, les trois degrés de signification dans les qualificatifs, savoir : le *positif*, le *comparatif* et le *superlatif*.

PREMIÈRE RÈGLE. La qualité peut être attribuée à un nom positivement et simplement avec le seul qualificatif, sans aucune expression de comparaison ; alors on a le premier degré de signification, et le qualificatif prend le nom de *positif*, comme : mère *tendre*, élève *studieux*.

(*Observation.*) L'écolier demande souvent d'où vient ce mot *positif*, ainsi employé. Ne pourrait-on pas lui répondre qu'on l'appelle *positif*, parce que c'est sur le qualificatif simple, que posent et se construisent les deux autres degrés de signification? N'est-ce pas en effet par le positif qu'ils se forment?

Deuxième règle. La qualité peut être attribuée à un nom avec comparaison, ce qui donne au qualificatif un autre ou un second degré de signification, autrement le comparatif; mais toute comparaison a trois résultats : Ou il y a *égalité* entre les deux objets comparés, et alors on a le comparatif *d'égalité*, qui se forme du positif, en plaçant avant lui les adverbes *aussi*, *autant*. *Cet élève est aussi studieux que modeste.*

Ou le résultat de la comparaison entre deux êtres, indique *avantage*, *supériorité* de l'un sur l'autre; alors on a le comparatif de *supériorité*, qui s'exprime par le positif précédé de l'adverbe *plus*. *Cette mère est plus tendre* que raisonnable. *Mon bureau est plus grand* que le vôtre.

Ou la comparaison présente un résultat *d'infériorité*; alors on a le comparatif *d'infériorité*, qui s'exprime par le positif précédé de l'adverbe *moins*. *Cet élève est moins studieux* que sage. *Mon appartement est moins étendu* que le vôtre.

Troisième règle. La qualité attribuée à un nom peut être exprimée au degré le plus haut et le plus bas possible; alors on a le *superlatif* qui est le troisième degré de signification pour les qualificatifs. Il se forme du positif précédé des adverbes *plus* ou *moins*, précédés eux-mêmes des articles *le*, *la*, *les*, ou des pronoms possessifs, *mon*, *ton*, *son*, *nôtre*, *votre*, etc. Exemple : Le mensonge est dans un enfant *le plus honteux de tous les vices.* Aristide est *mon plus* fidèle ami, pour, *le plus* fidèle de mes amis.

Ce superlatif est appelé *relatif,* parce qu'il contient une relation ou comparaison, et que pour l'obtenir il a fallu, dans le premier exemple, mettre le mensonge en *relation* et en comparaison avec tous les autres vices, avant de prononcer qu'il fût le plus honteux de tous. L'exemple suivant achèvera de rendre sensible cette explication : *Paul est le plus grand de sa classe.* Avant de porter ce jugement, j'ai dû mettre la taille de Paul en comparaison et en relation avec la taille individuelle de tous ses camarades de classe ; cette comparaison faite, j'ai pu prononcer que Paul était *le plus grand ;* ce qui constitue le superlatif *relatif,* que l'on appellerait mieux peut-être superlatif *comparatif,* comme renfermant une comparaison.

QUATRIÈME RÈGLE. Nous opposerons à ce superlatif relatif, ou comparatif, le superlatif *absolu ;* (*absolu,* synonyme d'*indépendant*). En effet le superlatif *absolu* est indépendant de toute comparaison ; il se forme du positif que l'on fait précéder des adverbes *très, fort.* Exemple : Paul est *très* ou *fort* grand.

Pour prononcer ce jugement, je n'ai pas eu besoin, comme pour le superlatif *relatif,* de mettre Paul en comparaison avec qui que ce soit ; je me borne à dire, indépendamment de toute relation, Paul est *très* ou *fort* grand ; de là, le superlatif *absolu* ou *indépendant.*

CINQUIÈME RÈGLE. Nous avons des qualificatifs qui expriment par eux seuls une compa-

raison, tels que, 1°. pour le comparatif d'égalité, *pareil, égal, semblable*, etc. Les avantages
de la fortune ne sont pas *semblables* à ceux du
talent. Votre position est *pareille* à la mienne, etc.
2°. pour le comparatif de supériorité, *meilleur*
pour *plus bon*, (hors d'usage). Les talents sont
meilleurs que la fortune toujours incertaine.

3°. Pour le comparatif d'infériorité, *moindre;*
ses talents sont *moindres* que ceux de son frère.
Pire pour *plus mauvais;* une mauvaise tête est
encore *pire* que l'ignorance.

4°. Ces derniers, *meilleur, moindre, pire,*
précédés des articles ou des adjectifs possessifs,
s'emploient également pour le superlatif. Exemple : *Le meilleur* de mes amis; jouer est *le moindre* de mes soucis; *le pire* pour mon âge, c'est
de perdre du tems.

Sixième règle. Quelquefois l'article *le* placé
devant les adverbes *plus, mieux, moins,* est déclinable; quelquefois il est indéclinable.

L'article *le* devant l'adverbe *plus* est déclinable, lorsque, précédant un qualificatif ou un
participe, il est construit dans une phrase avec
le verbe *être.* Alors il exprime évidemment une
comparaison qui veut l'accord de l'article et du
superlatif avec le nom auquel ils se rapportent.
Exemple : La campagne de votre père est *la plus
agréable* de toutes celles des environs. Cet
exemple établit une comparaison ; c'est comme
si l'on disait : la campagne de votre père est *la
campagne la plus agréable* de toutes celles.....
Ces quatre élèves sont *les plus, les mieux,* ou
les moins appliqués de leur classe ; pour, ces
quatre élèves sont les élèves *les plus, les mieux,*

les moins appliqués..... Dans ces deux exemples, avec comparaison établie avec le verbe *être*, les superlatifs, ainsi que l'article qui les précède, ont dû suivre la règle d'accord, et prendre le genre et le nombre du nom *élèves* qu'ils qualifient.

SEPTIÈME RÈGLE. L'article *le* devant les adverbes *plus*, *mieux* et *moins*, employés seuls, ou joints à un autre adverbe, est indéclinable, lorsqu'il est construit avec un verbe actif, ou avec un participe passif précédé de l'auxiliaire *avoir*; exemple : *Cette dame est celle qui soulage le plus les pauvres. Ces dames sont celles qui ont secouru le plus constamment les victimes de cet incendie.* Dans ces exemples, *le plus*, *le plus constamment*, n'établissent aucune comparaison avec aucun nom; ce sont des expressions adverbiales qui modifient le verbe; par conséquent les deux *le plus* resteront invariables, comme le verbe ou comme l'adverbe, auquel chacun d'eux est joint.

HUITIÈME RÈGLE. L'article *le* avec *plus* ou *moins*, est encore expression adverbiale et invariable devant un nom. Exemple : Votre mère est celle qui *a montré le plus* de fermeté dans le malheur qui afflige votre famille. Ces deux élèves sont de leur classe, ceux qui ont fait *le moins* de progrès.

NEUVIÈME RÈGLE. L'article *le* devant *plus*, *mieux* et *moins*, reste invariable, quoique joint à un qualificatif au féminin ou au pluriel, lorsque ces adverbes expriment une comparaison qui se concentre dans la personne qui en est l'objet ; autrement, lorsque cette personne est comparée avec elle-même, avec ses propres qualités ou avec des circonstances qui lui sont personnelles. Pour faciliter l'intelligence de cette règle, opposons deux exemples. Zima a été, par son talent sur le piano, *la plus distinguée* de toutes les dames de la réunion d'hier. Second exemple : C'est dans la musique que votre mère est *le plus admirée* ; c'est surtout dans son chant qu'elle a été *le plus applaudie.*

Le premier exemple établit évidemment une comparaison entre le talent de Zima, et celui des autres dames présentes à la réunion ; donc, suivant la sixième règle ci-dessus, l'article et le superlatif doivent s'accorder avec le nom auquel ils se rapportent.

Le second exemple au contraire ne présente aucune comparaison entre votre mère et aucune autre dame ; c'est avec elle-même, avec ses propres talents qu'elle est comparée ; c'est comme si l'on disait : *de tous les talents que possède votre mère, c'est celui de la musique qui l'a fait le plus admirer ; le chant est surtout la partie dans laquelle on l'a le plus applaudie.*

Autre exemple au pluriel. Vos deux frères ne perdent pas leur tems, quoiqu'ils soient *les plus dissipés* des élèves ; ici, comparaison entre la dissipation de vos frères et celle des autres élèves ; donc accord de l'article et du superlatif. Il n'en sera pas de même dans l'exemple opposé : Vos frères ne perdent pas leur tems, lors même qu'ils sont *le plus dissipés.* Ici, nulle comparaison avec la dissipation d'aucun autre ; donc l'article restera invariable, comme expression adverbiale ; le qualificatif seul s'accordera ; car, lorsque ces deux frères sont le plus dissipés, cette phrase équivaut à celle-ci : lorsqu'ils sont dans leur plus grande dissipation ; or cette dissipation n'est comparée avec la dissipation d'aucun autre, mais avec la leur propre et personnelle. Toute dissipation, comme tout défaut, a ses moments en plus, et ses moments en moins.

DIXIÈME RÈGLE. La règle ci-dessus éprouve une exception avec certains qualificatifs, comme dans les cas suivants : C'est au milieu de ses enfants que votre mère se montre *le plus intéressante* ; c'est avec les pauvres qu'elle se montre *le plus généreuse*. L'oreille choquée du masculin *le*, à côté d'un qualificatif avec finale féminine aussi sensible, exige qu'on ait recours à d'autres termes, pour rendre la même idée ; c'est au milieu de ses enfants que votre mère montre *le plus d'intérêt* ; c'est avec les pauvres qu'elle montre *le plus de générosité*.

(*Première observation.*) Cette exception ne s'applique point aux qualificatifs qui, par leur terminaison féminine, semblable à celle de leur masculin, ne présentent point la dureté que l'on veut éviter par la règle précédente ; tels sont les qualificatifs suivants et autres, dont le féminin termine comme le masculin : *agréable, admirable, modeste, malade, sensible, susceptible,* etc.

(*Deuxième observation.*) Nous voyons dans les exemples donnés pour les divers comparatifs, (Règle II), les deux membres de chaque comparaison joints ensemble par la conjonction *que;* nous l'appellerons *que comparatif,* pour le distinguer des différents *que,* assez multipliés dans notre langue.

SEIZIÈME LEÇON.

Du Pronom.

PREMIÈRE RÈGLE. Le *pronom* (du latin *pronomen,* pour le nom), est la partie du discours destinée à y remplacer le nom d'une personne ou d'une chose, dont on a déjà parlé.

Le *pronom,* comme substitut, comme remplaçant du nom, doit en prendre toutes les formes et tous les droits; 1°. toutes les formes, en s'appropriant la signification, le genre, le nombre et la personne du nom qu'il rappelle.

2°. Tous les droits, en imposant, comme le nom même, le genre, le nombre et la personne à tous les mots qui sont sous sa dépendance.

(*Observation.*) Nous n'avons, à proprement parler, que deux pronoms, savoir : le pronom *personnel* et le pronom *relatif;* cependant, pour ne pas attaquer et détruire les principes communément reçus des grammaires en usage, nous conserverons dans cette classe les quatre autres pronoms, savoir : les *interrogatifs,* les *possessifs,* les *démonstratifs* et les *indéfinis,* sauf à distinguer dans chacun d'eux les cas où ils doivent être considérés comme pronoms, ou comme de véritables adjectifs.

3

DES PRONOMS PERSONNELS.

DEUXIÈME RÈGLE. Les pronoms *personnels* sont ceux qui remplacent les noms des personnes et des choses dont on parle.

Il y a trois personnes :

La première est celle qui parle d'elle-même ; la seconde est celle à qui on adresse la parole ; la troisième est celle de qui l'on parle ; chaque personne a ses pronoms qui lui sont propres pour le singulier, comme pour le pluriel.

Les pronoms de la première personne sont, pour le singulier et pour les deux genres : *je, moi, me*, qui font *nous*, au pluriel.

Les pronoms de la seconde personne sont, pour le singulier et pour les deux genres : *tu, toi, te*, qui font *vous*, au pluriel.

Les pronoms de la troisième personne sont, pour le singulier masculin : *il, lui, le, se*, qui font au pluriel *ils, eux, les, se*.

Pour le singulier féminin : *elle, lui, la, se*, qui font au pluriel *elles, leur, les, se*.

TROISIÈME RÈGLE. D'après cette distinction des divers pronoms personnels, il est clair que les pronoms *je*, et son égal *moi*, veulent et indiquent la première personne du singulier dans tous les tems des verbes, *je lis, je lisais.... moi, je travaille. Nous*, forme la première personne du pluriel : *nous lisons....*, etc.

Les pronoms *tu*, et son égal *toi*, veulent et indiquent la seconde personne du singulier dans tous les tems des verbes. *Tu liras, tu as lu ; toi, tu travailles bien. Vous*, la seconde personne du pluriel : *Vous lirez.... vous avez lu....*

Les pronoms *il*, *lui*, *elle*, veulent et indiquent la troisième personne du singulier : *elle joue*, et *lui*, *il étudie*. *Ils*, *eux*, *elles*, indiquent la troisième personne du pluriel : *ils écrivent*, *elles cousent*.

QUATRIÈME RÈGLE. *Il* de la troisième personne du singulier, est employé tantôt personnellement, tantôt impersonnellement; *personnellement*, quand il remplace le nom d'une personne ou d'une chose dont on a parlé. *Impersonnellement*, quand ne rappelant ni personne, ni chose, il ne présente qu'une simple particule, privée de tout sens, appelée, pour ainsi dire, à remplir le vide que laisse l'absence d'un sujet déterminé. On distingue ainsi le personnel *il*, de l'impersonnel; le personnel peut se tourner par *lui*; l'impersonnel ne le peut pas. Ex. : Votre frère, *il* faut qu'*il* s'applique davantage. Dans il faut, *on* ne peut pas dire *lui* faut, tandis qu'on dit : *lui* s'applique.

CINQUIÈME RÈGLE. *Leur*, pronom personnel de la troisième personne au pluriel, veut être distingué de *leur* que nous retrouverons parmi les pronoms possessifs; *leur*, personnel, est toujours joint à un verbe et ne prend pas la marque du pluriel. Ex. : Les élèves qui satisferont, le maître *leur* donnera une récompense. *Leur* est ici personnel, il signifie *à eux*.

SIXIÈME RÈGLE. Nous avons indiqué les pronoms *me*, *te*, *se*, parmi les pronoms personnels : *me*, *te*, *se*, *nous*, *vous*, s'emploient particulièrement dans les verbes réfléchis ; *je me* félicite, *tu te* flattes, pour je félicite *moi*, tu flattes *toi*.

Se fait *soi* au singulier seulement. Il *se* trompe, en *se* donnant des louanges, pour il trompe *soi* en donnant à *soi* des louanges. *Se* employé au pluriel, se traduit par *eux-mêmes*, *à eux-mêmes*, et non par *soi*, *à soi :* ils *se* trompent, pour ils trompent *eux-mêmes*.

Ces pronoms *me*, *te*, *nous*, s'emploient fréquemment devant les verbes actifs, comme complément direct ou indirect, ainsi que nous le verrons.....

SEPTIÈME RÈGLE. Les pronoms personnels dont la place naturelle est devant le verbe, sont souvent transportés après, comme dans les phrases interrogatives et dans certaines manières de parler, ainsi que nous le verrons dans la syntaxe. En pareil cas, les pronoms veulent être joints par un trait d'union au verbe qui les précède. Ex. : Apprenez-*vous* votre leçon ? la savez-*vous* ? *récitez-la-moi*. A peine pouvez-*vous* me dire en quoi elle consiste. Avez-*vous* les fables de La Fontaine ? elles sont, dit-*il*, le lait de l'enfance.

HUITIÈME RÈGLE. Quand le verbe termine par une voyelle, on ajoute un T devant les pronoms de la troisième personne, pour éviter l'*hiatus* ou le choc de deux voyelles qui embarrasseraient la prononciation. Ce T d'emprunt doit être joint au verbe et au pronom par un trait d'union. Ex. : Votre frère aime-*t-il* l'étude ? a-*t-il* achevé ses classes ?

NEUVIÈME RÈGLE. Quand les pronoms relatifs *en* et *y* se rencontrent après un verbe avec le pronom *moi*, ce pronom *moi* doit céder la première place aux deux relatifs *en* et *y*; on dira donc : on vante partout votre bibliothéque ; menez-*y*-*moi*, et non, menez-*moi*-z-*y* ; si vous pouvez disposer de quelques livres, prêtez-*en*-*moi*, et non, prêtez-*moi*-z-*en*. On dit cependant, conduisez-*nous*-*y*, prêtez-*nous*-*en* ; ici nulle dureté de prononciation.

Quand sur ce point, comme sur tout autre, quelques difficultés menacent l'harmonie du langage, c'est au goût, c'est à la délicatesse de l'oreille à savoir les éviter.

DIX-SEPTIÈME LEÇON.

Des Pronoms relatifs-conjonctifs.

PREMIÈRE RÈGLE. On appelle *pronoms relatifs-conjonctifs* ceux qui ont un rapport, une relation de dépendance avec un mot placé antérieurement : ce mot s'appelle *antécédent* ; comme tel, l'antécédent prend un droit sur les relatifs qu'il tient sous sa dépendance. Ce droit consiste à leur imposer sa signification, son genre, son nombre et sa personne.

Les pronoms relatifs sont : 1°. *qui*, *que*, *dont*, pour les deux genres et pour les deux nombres. 2°. *Lequel* pour le masculin singulier, au pluriel *lesquels* ; *laquelle* pour le féminin singulier, au pluriel *lesquelles*. Ex. ; c'est une mère qui parle : Moi *qui* chéris les enfants, je n'approuve pas les pères qui accordent trop à leurs caprices. Ici, deux *qui* relatifs. Le premier a pour antécédent le pronom personnel *moi*, qui dans la bouche d'une mère, impose à son relatif le féminin, plus le singulier, plus la première personne. Le second *qui* a le mot *pères* pour antécédent ; son relatif en reçoit par conséquent le masculin, le pluriel et la troisième personne.

Deuxième règle. La signification véritable qui résulte de la décomposition de *où* adverbe, de *en*, et de *y*, donne place à ces mots parmi les pronoms relatifs ; en effet, *où* s'emploie pour dans *lequel*, dans *laquelle*, etc., *en* pour *de lui*, *d'elle*, etc. Ex. : L'institution *où* (dans laquelle) je suis, exige du travail. C'est ici que vôtre éducation a été complétée ; quel fruit *en* (d'elle) avez-vous retiré ? Les progrès que vous *y* (dans elle) avez faits, vos parents *en* (d'eux) sont-ils satisfaits ?

Ne cessons pas de rappeler à l'écolier que l'adverbe *où* se distingue par un accent grave de *ou* conjonction, sans accent.

(*Première observation.*) Nous avons ajouté à la dénomination de pronoms relatifs, le surnom de *conjonctif*, 1°. pour distinguer ces relatifs d'autres pronoms, surnommés de même, nous les retrouverons plus bas. 2°. Pour indiquer et qualifier la fonction que les relatifs *qui*, *que*, *dont*, remplissent dans une phrase. Cette fonction consiste à joindre souvent ensemble les membres qui la composent. Ex. : La timidité *que* l'on doit fuir dès l'enfance, et *qui* devient l'écueil des talents, cache souvent aussi cette mollesse *qui* s'unit à l'orgueil. Cette phrase présente trois membres, joints ensemble par les trois pronoms relatifs : 1°. La timidité *que* l'on doit fuir..... 2°. Et *qui* devient l'écueil..... 3°. Cette mollesse *qui* s'unit à..... donc cette fonction justifie complètement le surnom de *conjonctif*, que nous donnons à ces pronoms relatifs.

(*Deuxième observation.*) Le pronom *qui*, est quelquefois employé sans antécédent apparent. Ex. : *Qui fuit* le travail, gémira sous le poids de l'ignorance ; c'est-à-dire l'homme ou l'élève qui fuit le travail..... *Qui* chérit la patrie est esclave des lois, pour : l'homme qui... En pareils cas, il est facile de trouver l'antécédent suffisamment désigné par le sens de la phrase.

PRONOMS INTERROGATIFS ABSOLUS.

PREMIÈRE RÈGLE. On appelle *pronoms interrogatifs*, ceux dont on se sert pour interroger. Quelques-uns de ces pronoms sont pris dans les relatifs dont nous venons de parler. Ex. : *Qui a fait* ce tableau? *Que* faites-vous dans votre classe? *Qui* vous apprend la géographie?

Nous venons de voir que le mot *relatif* exprimait la dépendance de ces pronoms sous la loi d'un antécédent. Par opposition, les pronoms *interrogatifs* prennent le surnom d'*absolus*, pour exprimer leur indépendance d'un antécédent quelconque; un exemple fera sentir cette opposition.

Exemple : Le maître *qui* vous apprend la géographie; ici, l'antécédent, *le maître*, tient sous sa dépendance le relatif *qui;* supprimez cet antécédent, le pronom *qui* se trouvera dégagé de cette dépendance; de *relatif*, il devient *indépendant*, autrement *absolu;* il vous restera donc : *qui vous apprend la géographie?* phrase interrogative par le pronom *qui*, changé en interrogatif *absolu*, de relatif qu'il était ; donc les pronoms *qui*, *que*, employés comme interrogatifs, sont avec raison appelés *absolus*, comme indépendants de tout antécédent.

DEUXIÈME RÈGLE. Cette indépendance d'un antécédent ne va cependant pas jusqu'à dégager les pronoms interrogatifs de tout rapport avec un nom. Ce nom est sous-entendu ; s'il était exprimé, il ne serait point antécédent, puisque sa place serait après le pronom interrogatif. Ex. : *Qui a fait ces vers ?* pour, *quel auteur, quel poète, quel élève* a fait ces vers ? Que lisez-vous dans ce moment ? pour, *quel livre, quelle histoire* lisez-vous ?

TROISIÈME RÈGLE. Les exemples de la règle précédente nous indiquent d'autres interrogatifs que l'on peut appeler *adjectifs prépositifs* (du latin *præpositus*, mis devant) ; en effet, ces interrogatifs sont de vrais adjectifs qui ont besoin par leur nature d'être placés devant un nom, savoir : *quel* pour le masculin singulier, *quels* pour le pluriel ; *quelle* pour le féminin singulier, *quelles* au pluriel. Ex. : *Quel collége fréquentez-vous ? quelle classe y suivez-vous ? quels auteurs vous fait-on expliquer ? quelles places obtenez-vous ?*

(*Observation.*) Cette observation paraîtra peut-être minutieuse à qui ne voit l'étudiant que de son cabinet ; mais elle ne sera pas ainsi jugée par celui qui travaille avec l'écolier même, et qui sait combien il faut répéter, et répéter pour prévenir certaines fautes si communes sous la plume incertaine et légère de tant d'étourdis.

Beaucoup, par la similitude de la prononciation, séparent par une apostrophe le prépositif interrogatif *quelle* d'un seul mot par sa nature, et le confondent avec *qu'elle*, formé par élision du *que* relatif et de *elle*, pronom personnel. Pour éviter cette erreur d'une ignorance coupable, il suffit de remarquer deux choses : 1°. *Quelle*, en un seul mot, commence toujours un sens interrogatif, qu'il soit placé à la tête d'une phrase ou au milieu ; dans les deux cas, il est toujours joint à un nom dont, comme *prépositif*, il reçoit l'accord ; enfin il ne forme qu'un seul mot, comme son masculin, *quel.* Ex. : *Quel* département habitez-vous? *Quelle* ville la Seine arrose-t-elle? indiquez-moi *quels* auteurs vous expliquez? montrez-moi *quelles* leçons vous devez réciter?

2°. Dans *qu'elle*, en deux mots, le *que* relatif qui en fait la première partie, se rapporte toujours à un nom qui précède et qui est son antécédent. Ce *que* relatif se fond avec *elle*, pronom féminin personnel, par la suppression de l'E final de *que*, remplacé par l'apostrophe; alors la prononciation n'en fait qu'un seul mot ; voilà la cause de l'erreur qui le confond avec *quelle* d'un seul mot par sa nature. Pour achever cette explication, opposons dans le même exemple, *quelle* en un seul mot, à *qu'elle* en deux mots. Avez-vous vu votre mère? *quelle* est la nouvelle *qu'elle* vous a apprise? Ici le premier *quelle* est *interrogatif*, prépositif de *nouvelle;* il en reçoit l'accord, il ne forme donc qu'un seul mot, sans apostrophe. Dans le second *qu'elle*, il faut distinguer deux mots ou deux pronoms ; 1°. le *que* relatif de l'antécédent *nouvelle ;* 2°. *elle*, pronom

personnel, substitut du nom *mère;* donc il doit
s'écrire en deux mots, *que elle,* ou qu'elle.....

DIX-HUITIÈME LEÇON.

Des Adjectifs et des Pronoms possessifs.

Les *pronoms* ou *adjectifs possessifs* sont ainsi
appelés, parce qu'ils marquent la possession
de l'objet exprimé par le nom auquel *ils sont
joints,* ou *auquel ils ont rapport.*

PREMIÈRE RÈGLE. Cette définition annonce à
l'avance deux sortes de pronoms possessifs ;
1°. ceux qui sont joints à un nom et placés immédiatement devant lui ; nous les nommerons
adjectifs-possessifs, ou mieux, *possessifs-prépositifs.* 2°. Ceux qui sont employés seuls et en relation avec un objet dont on a déjà parlé ; nous
les nommerons *pronoms possessifs-relatifs.*

1°. *Les possessifs-prépositifs* sont :

Pour la première personne, parlant seule au
singulier, *mon* masculin, *ma* féminin ; *mes* pour
le pluriel des deux genres, *mon pupitre, ma
plume, mes cahiers; mes livres* classiques, voilà
mes premiers amis.

La même première personne au nom de
plusieurs, a pour le singulier *notre,* au pluriel
nos; l'un et l'autre des deux genres. Craignez
l'intempérance ; elle trouble *nos* facultés ; elle
détruit *notre* énergie.

Pour la seconde personne, en s'adressant à une
seule : *ton, ta, tes : ton père, ta mère,* voilà *tes*

appuis dans *ton* enfance, et *tes* idoles dans *ta* jeunesse.

Même personne, en s'adressant à plusieurs, *votre*, *vos*; *votre père*, *vos condisciples* seront *vos* amis les plus constants.

Pour la troisième personne, en parlant d'une seule, *son*, *sa*, *ses*; *son pays*, *sa patrie*. Que sert-il d'avoir de la fortune? *Son* caprice est *sa* loi; mais trop souvent *ses* torts sont les nôtres.

Même personne, en parlant de plusieurs, *leur* devant un nom singulier; *leurs* devant un nom pluriel, pour les deux genres; ces enfants viennent de perdre *leur* père, après avoir déjà pleuré une partie de *leurs* parents.

Deuxième règle. S'il arrive que les possessifs-prépositifs féminins *ma*, *ta*, *sa*, soient placés devant un nom commençant par une voyelle, ou par une *h* muette, on les remplace par leurs correspondants masculins *mon*, *ton*, *son*; *mon* âme, *ton* amitié, *son* affabilité, *son* honneur.

Troisième règle. Lorsque nous avons parlé du pronom personnel *leur*, nous avons averti qu'il fallait bien le distinguer des possessifs *leur*, *leurs*. Nous avons dit que le personnel *leur*, toujours placé devant un verbe, pouvait se tourner par *à eux* et ne prenait jamais l'*s*, marque du pluriel. Le possessif *leur*, sans article, est au contraire toujours placé devant un nom qui lui donne l'S du pluriel, s'il est lui-même au pluriel, ainsi que l'indique l'exemple: Ces enfants viennent de perdre *leur père*, après avoir déjà pleuré une partie de *leurs parents*.

2°. *Les pronoms possessifs-relatifs* sont :

	Singulier.	Pluriel.
Pour la première personne.	Le mien,	Les miens.
	La mienne,	Les miennes.
	Le nôtre, La nôtre,	Les nôtres.
Pour la seconde personne.	Le tien,	Les tiens.
	La tienne,	Les tiennes.
	Le vôtre, La vôtre,	Les vôtres.
Pour la troisième personne.	Le sien,	Les siens.
	La sienne,	Les siennes.
	Le leur, La leur,	Les leurs.

QUATRIÈME RÈGLE. Ces *possessifs-relatifs* sont de véritables pronoms *relatifs;* car ils tiennent la place d'un nom dont on a parlé. Ex. : Vous avez conservé votre *appartement;* j'ai quitté le *mien.* Votre père et votre mère ont vendu leur *maison de campagne;* quant à nous, nous garderons *la nôtre.* La mortalité s'est mise dans vos *troupeaux;* nos voisins ont craint que l'épidémie n'attaquât *les leurs.* Ici, *le mien, la nôtre, les leurs,* sont, comme on le voit, de vrais pronoms employés pour remplacer les antécédents, *appartement, maison, troupeaux,* auxquels ils se rapportent, et dont ils reçoivent le genre et le nombre, conformément à la règle qui soumet à cet accord tous les pronoms en général.

(*Observation.*) Les possessifs-*prépositifs*, *notre*, *votre*, sont brefs dans la prononciation ; les possessifs-relatifs, toujours précédés d'un article, tel que *le nôtre*, *les vôtre*, ont la prononciation longue ; elle s'annonce par l'accent circonflexe, placé sur la voyelle Ô. Ex. : Avez-vous *votre* dictionnaire ? Nous avons oublié *le nôtre*.

DIX-NEUVIÈME LEÇON.

Des Adjectifs et des Pronoms démonstratifs.

La fonction des adjectifs et des pronoms démonstratifs est d'indiquer, de montrer l'objet dont on parle ou dont on a parlé antérieurement.

PREMIÈRE RÈGLE. A l'objet dont on parle dans le moment même qu'on indique, s'appliquent les adjectifs démonstratifs, autrement les *prépositifs* toujours placés devant le nom qui exprime l'objet indiqué.

Ces adjectifs prépositifs sont :

Pour le singulier, *ce*, *cet*, *cette* ; pluriel, *ces*. J'ai lu *ce* livre ; j'ai appris *cette* fable ; j'ai envoyé *cet* homme porter à *cette* relieuse les livres tout déchirés de *cet* étourdi.

Comme on voit, *cet*, masculin, s'emploie pour *ce*, devant les noms qui commencent par une voyelle ou par une H muette.

DEUXIÈME RÈGLE. Quand on veut indiquer les objets dont on a parlé antérieurement, on se sert des pronoms suivants ; ils remplacent un nom, donc ce sont de vrais pronoms; ils se rapportent à ce nom qui devient leur antécédent, donc ce sont de véritables *pronoms-relatifs.*

Ces *pronoms relatifs-démonstratifs* sont :

Pour le singulier masculin.	*Pour le pluriel masculin.*
Celui-ci, Celui-là.	Ceux-ci, Ceux-là.
Pour le féminin.	*Pour le féminin.*
Celle-ci, Celle-là.	Celles-ci, Celles-là.

Comme relatifs, ces pronoms reçoivent le genre et le nombre de leur antécédent.

Exemples : L'étude de l'éloquence et de la morale est avantageuse; *celle-ci* (morale) va au cœur; *celle-là* (éloquence) charme l'esprit.

L'aigle et la colombe présentent une grande opposition dans leurs mœurs; *celle-ci* est faible et timide; *celui-là* est fier et audacieux.

Vous préférez la lecture des romans à *celle* des bons livres offerts à votre instruction; *ceux-ci* (les bons livres) meubleraient utilement votre esprit et votre cœur; *ceux-là* (les romans) les empoisonnent et y allument les passions les plus alarmantes.

Il est facile de reconnaître ici les pronoms démonstratifs-*relatifs*, tous accordés avec leur antécédent.

(*Observation.*) Les exemples de la règle précédente, donnent à remarquer qu'on emploie le relatif *celui-ci* pour indiquer l'objet le moins éloigné, et *celui-là* pour l'objet le plus éloigné.

La même règle s'observe pour *ceci*, *cela*.

TROISIÈME RÈGLE. Nous comptons encore parmi les démonstratifs relatifs *celui*, *ceux*; *celle*, *celles*; dans leur emploi ils se rapportent à un nom antérieurement exprimé. Exemple : Les qualités qu'on loue dans *cet* élève, sont *celles* d'un bon fils, d'un écolier pénétré de ses devoirs : ici, *celles* relatif de l'antécédent *qualités*.

Quelquefois ces pronoms, dans leur emploi, généralisent l'idée; alors ils sont joints aux relatifs *qui*, *que* : *Ceux qui emploieront bien cette année*, *obtiendront les couronnes. Ceux qui*, expression générale qui s'adresse à tous, et à personne en particulier.

QUATRIÈME RÈGLE. *Tel*, *telle*, trouve sa place parmi les adjectifs démonstratifs, comme indiquant tantôt des objets animés, tantôt des objets inanimés, dont il devient *adjectif-prépositif*, par la place qu'il occupe devant ces noms; comme prépositif, *tel* suit donc les règles de l'accord de l'adjectif. Exemple : Plusieurs qualités sont essentielles dans les études, *telles que la docilité*, *l'émulation et la persévérance.* Il faut surtout qu'un bon élève s'abstienne des occasions de nuire à son travail; *tels que le jeu*, *les mauvaises compagnies*, *l'oisiveté et la table.* Dans le premier exemple, *tel* est adjectif-prépositif de trois substantifs au féminin, qui lui imposent le pluriel et le féminin ; il s'écrira donc ainsi, *telles*. Dans le second exemple, *tel* est adjectif prépositif de quatre substantifs de différents genres ; suivant la règle de l'accord, il prendra le premier genre et le pluriel, *tels*.

Tel est soumis à la même règle dans les exemples suivants : Ces dames sont bienfaisantes ; comme *telles*, elles sont estimables ; c'est-à-dire, ces *dames étant telles*, elles sont estimables.

D'autres fois *tel* a la signification de *si grand*, d'*assez étendu*, etc. Alors, accord avec le nom auquel il se rapporte ; ex. : Vos moyens sont-ils *tels*, que vous soyez dispensé de travailler ? *Tels*, pour si grands, tellement étendus..... On dit aussi : *un tel, une telle ;* un tel élève, une telle personne.

CinquiÈme rÈgle. Le pronom *le*, que nous avons signalé parmi les pronoms personnels, est quelquefois employé pour rappeler et indiquer ou un nom, ou un adjectif, dont il devient pronom démonstratif-relatif.

Ce pronom *le* sera-t-il variable ? sera-t-il soumis, comme les démonstratifs-relatifs, à la loi de l'accord avec son antécédent ? Pour rendre notre réponse plus intelligible, soutenons-la d'exemples.

Premier exemple : *Le*, démonstratif-relatif, se rapportant à un nom qu'il remplace : Madame, êtes-vous *la musicienne* qu'on a tant applaudie à tel concert ? Oui, *je la suis*, devra répondre l'interrogée.

Deuxième exemple : *Le*, démonstratif-relatif, se rapportant à un adjectif qu'il remplace ;

Madame, êtes-vous *musicienne ?* — Oui, *je le suis.*

Sur quoi est donc fondée la différence de ces deux réponses ? Cette différence s'explique ainsi : Dans le premier exemple, le démonstratif-relatif *le*, à pour antécédent un nom qui, suivant la loi de l'accord, doit imposer genre et nombre à tout pronom qui le remplace ; or, le pronom *la*, représente dans la réponse l'antécédent *la musicienne*; n'est-ce pas, en effet, comme si la dame avait répondu : Oui, *je suis la musicienne* qu'on a applaudie ? Donc le pronom *le* recevra de son antécédent le féminin singulier, et la réponse, Oui, *je la suis*, est régulière.

Il n'en est pas de même dans le second exemple ; en effet dans, *Êtes-vous musicienne? Oui, je le suis;* quel est ici l'antécédent du pronom *le ?* c'est l'adjectif *musicienne;* or, nous avons vu que l'adjectif n'avait par lui-même ni genre ni nombre ; il reçoit bien l'un et l'autre ; mais il ne peut donner ce qu'il n'a pas ; donc, le pronom relatif LE, dépendant ici d'un antécédent qui n'a nulle influence sur lui, puisqu'il n'a rien à lui communiquer, restera invariable.

Nous observerons cependant, à l'occasion de la règle suivie dans le cas où l'antécédent de *le* serait un nom, que, si cet antécédent était au pluriel, la réponse changeant *le* en *les*, par l'accord voulu, paraîtrait tellement dure à l'oreille, que le mieux pour l'éviter, serait de répéter dans la réponse les termes de la demande, ou d'avoir recours à d'autres expressions équivalentes.

Exemple au pluriel : Mesdames, *êtes-vous les Françaises* dont on a tant admiré la bienfaisance chez l'étranger ? La réponse conforme à la règle devrait être : Oui, *nous les sommes.* Ce *les* répugne à l'oreille ; ne vaudrait-il pas mieux répondre : Oui, *nous sommes ces Françaises ;* oui, c'est à nous que l'étranger a bien voulu accorder des éloges, etc.

VINGTIÈME LEÇON.

Des Pronoms indéfinis.

On appelle *pronoms indéfinis* ceux qui ne présentent qu'un sens vague, qu'une signification indéterminée, sans préciser aucun être quelconque.

PREMIÈRE RÈGLE. Il y a quatre sortes de *pronoms indéfinis* :

1°. Ceux qui ne sont jamais joints à un nom, comme : *autrui, chacun, un, l'autre, l'un et l'autre, on, personne, quelqu'un, quiconque, rien.*

2°. Ceux qui sont toujours joints à un nom ; comme : *quelque, chaque, certain, quelconque.*

3°. Ceux qui sont tantôt joints, tantôt non joints à un nom, comme *aucun, autre, même, nul, plusieurs, tout, tel.*

4°. Ceux qui sont suivis de *que,* comme dans *quelque* mérite *que* vous ayez, *quelques* talents *que* vous prouviez ; *quel-que* soit votre rang, *quelle-que* soit votre dignité ; *tout* sage *que* vous êtes, etc.

1°. PRONOMS INDÉFINIS, JAMAIS JOINTS A UN NOM.

Première règle. Parmi les pronoms que nous présente cette première classe, *quelqu'un*, *l'un-l'autre*, *l'un et l'autre*, sont susceptibles de changer de genre et de nombre; *quelques-uns*, *quelques-unes*; *les uns*, *les unes*; *les uns et les autres*; *les unes et les autres*.

L'un et l'autre n'a pas la même signification que *l'un-l'autre*. Un exemple expliquera plus sensiblement la différence entre ces deux expressions : *Adolphe et Léon se gênent l'un-l'autre par leur dissipation à l'étude*; il y a ici réciprocité et même unité de gêne; *Adolphe gêne son voisin Léon; Léon gêne son voisin Adolphe*.

L'un et l'autre présente au contraire isolement d'action, séparation dans la dissipation ; ainsi l'exemple suivant, *Adolphe et Léon se dissipent l'un et l'autre à l'étude*, indique et signifie que *Adolphe* se dissipe pour son propre compte, et de son côté; tandis que *Léon* en fait tout autant du sien, à part et indépendamment d'*Adolphe*.

Deuxième règle. *Rien* peut devenir nom commun par l'article, et comme tel, il peut passer au pluriel; exemple : Cet élève pendant la récréation ne fait *rien*, et pendant les études il s'amuse à des *riens*.

Troisième règle. *On* ne peut jamais exiger après lui le pluriel, quoique rappelant souvent plusieurs individus; ainsi, un professeur dira en parlant de tous ses élèves, *On n'a donc pas fait le devoir que j'avais donné*. Cependant le pronom *on* sera suivi du pluriel, et prendra même le genre féminin, dans ces manières de parler. *On n'est pas bonnes, on n'est pas complaisantes comme ces dames. On n'est pas affectueuse et pleine d'attentions, comme madame votre mère.*

(*Observation.*) Lorsque *on* est précédé de mots terminés par une voyelle, tels que *si, où*, on le fait précéder de la lettre *l* pour éviter l'*hiatus*, exemple : Si *l'on* vous fait connaître le lieu *où l'*on s'assemblera. Cependant cette règle n'a pas lieu, lorsque *on* est suivi des pronoms *le, la, les*, afin d'éviter le choc désagréable qui blesse dans l'exemple suivant : Votre frère a une petite tête, *si l'on la* fatigue, il la perd. Il faut revenir à *si on la fatigue.....*

Quatrième règle. *Chacun, autrui, personne, quiconque.*

Chacun prend le féminin *chacune*, jamais le pluriel. *Autrui*, invariable.

Personne, invariable, sans article ; avec l'article, il rentre dans la classe des noms communs. *La personne, les personnes.*

Quiconque, invariable.

2°. PRONOMS INDÉFINIS, TOUJOURS JOINTS A UN NOM.

Première règle. Ces pronoms, se trouvant toujours joints à un nom, sont de vrais adjectifs soumis à l'accord.

Quelque ne peut prendre que le singulier devant les noms d'objets qui ne se comptent pas : Cet élève montre *quelque zèle* pour l'étude ; cependant *quelque* s'emploie aussi au singulier, même devant les noms d'objets qui se comptent. C'est le sens singulier qu'on donne à la phrase et au nom qui suit *quelque*, qui en décide ; ainsi on dira : Cet espiègle s'écarte pour lire ; il me cache *quelque livre* dont la lecture me paraît suspecte. *Quelque* ainsi employé au singulier, a la signification de certain, car il s'agit d'une lecture secrète dont un *certain* livre fait seul l'objet dans le moment où l'on parle.

Quelque, devant un nom d'objets qui se comptent, prend à sa finale la marque du pluriel, quand il désigne *quantité, pluralité;* ex. : J'ai *quelques vers* à apprendre. J'ai récité *quel-ques fables*, pour *plusieurs* vers, *plusieurs* fables.

Deuxième règle. *Chaque, certain, quel-conque.*

Chaque se joint à un nom, mais il en marque l'unité, il ne s'emploie donc pas au pluriel : Empressez-vous de donner l'aumône à *chaque homme* et à *chaque femme* que vous rencontre-rez dans la misère.

Certain prend les deux nombres et les deux genres. *Certains hommes* et même *certaines fem-mes* n'ont pas toujours l'humeur très-aimable.

Quelconque a les deux genres ; sa signification est quel-qu'il soit, quel-que ce soit; exemple : Appelez un commissionnaire *quelconque*, pour quel-qu'il soit.

On trouve rarement *quelconque* au pluriel.

3°. PRONOMS INDÉFINIS, TANTÒT JOINTS A UN NOM, TANTÒT EMPLOYÉS SEULS.

Première règle. *Aucun, nul, autre.*
Aucun et *nul*, joints à un nom, le suivent

aux deux genres, sans pluriel, car ils repoussent toute idée de quantité et de pluriel ; le style du Palais se permet seul de franchir cette considération. *Aucun* fabuliste n'égale La Fontaine. Il n'y a de cet auteur *aucune* fable qui ne soit une leçon pour tous les âges ; *nul* écolier ne doit les ignorer.

Aucun, employé seul, prend de même les deux genres. Ex. : De tous vos romans, je n'en veux lire *aucun* ; de toutes vos promesses, je n'en écouterai *aucune*.

Autre prend les deux genres et les deux nombres, qu'il soit joint à un nom, ou employé seul. Ex. : J'ai lu le premier volume de votre ouvrage ; prêtez-moi l'*autre*. Quand vous me rendrez les premiers volumes que vous avez à moi, je vous prêterai les *autres*.

DEUXIÈME RÈGLE. *Même* est 1°. tantôt *adjectif* ; 2°. tantôt *adverbe* ; 3°. quelquefois il forme avec un autre pronom un *pronom composé*.

1°. Comme *adjectif*, *même* est joint à un nom dont il marque l'identité ou de personne, ou de circonstances, ou de qualités, etc. ; alors *même* suit la règle de l'accord. Ex. : Cette personne est *la même* que j'ai rencontrée hier ; votre mère est *la même* qu'elle a toujours été ; *même* tendresse, *même* sollicitude pour les siens. Ces élèves ne sont plus *les mêmes* que je les ai jugés l'année précédente.

2°. *Même* devient adverbe, quand il est placé après un ou plusieurs noms ; alors il signifie *aussi*, *également*, *encore*, *bien plus*, etc. Ex. : Il faut rendre justice aux pauvres *même*, (aux pauvres *aussi*, *également*). L'insubordination de cet élève a été si scandaleuse, que ses camarades-*même* en ont été frappés (que ses camarades *aussi, pareillement, bien plus*).

Même, comme *adverbe*, modifie un adjectif ou un verbe. Ex. : Cet élève est étourdi, et *même* quelquefois jusqu'à la folie; il faut user de modération, *même* en jouant. Dans ces deux exemples, *même* présente également le sens de *aussi, encore, bien plus*.....

3°. *Même* s'associe à d'autres pronoms, et forme avec eux comme un pronom composé, dont les deux parties prennent l'accord. *Moi-même, toi-même, lui* ou *elle-même, nous-mêmes, vous-mêmes, eux* ou *elles-mêmes*. Ex. : *Nous-mêmes*, nous voulions pardonner, mais les pères *eux-mêmes* demandèrent la punition la plus sévère.

Troisième règle. *Plusieurs, tout.*

Plusieurs, ce mot ne porte avec lui que l'idée de pluralité, aussi n'a-t-il pas de singulier. Tantôt il est joint à un nom, tantôt il est employé seul. J'ai lu *plusieurs notes* sur le travail des élèves de votre classe; elles reprochent à *plusieurs* de la dissipation et de la paresse.

Tout, tantôt joint à un nom, tantôt employé seul, prend les deux genres et les deux nombres, suivant le nom auquel il a rapport. Ex. : Un bon professeur donne *toute* son attention à *tous* ses élèves; il s'occupe également de *tous*. Ce dernier est relatif dont l'antécédent est *élèves*. Les deux autres *toute, tous*, sont adjectifs.....

Tel, telle, voyez les pronoms démonstratifs, page 63.

VINGT-UNIÈME LEÇON.

4°. *Pronoms indéfinis suivis de* Que; *comme* Quelque..... que; Quel-que; Tout..... que.

Nous voyons dans cet énoncé un *quelque* suivi de *que*, écrit en un seul mot, et un autre *quelque* formé de deux mots; comment les distinguer? Voilà ce qui présente beaucoup de difficultés aux étudiants; on ne saurait donc trop soumettre ces deux pronoms à tous les développements dont ils sont susceptibles.

PREMIÈRE RÈGLE. *Quelque* suivi de *que*, s'écrit en un seul mot, dans trois cas différents :
   1°. Devant un adjectif,
   2°. Devant un adverbe,
   3°. Devant un nom.
   1°. Devant un adjectif, *quelque* a la signification de la conjonction invariable *quoique*; comme elle, *quelque* est donc invariable. Ex. : *Quelque* studieuse que soit votre sœur; *quelque* raisonnables que paraissent ces élèves, pour quoique raisonnables..... en latin *quantumvis*, *quamvis*, également invariables.
   2°. La même règle s'applique à *quelque*, placé devant un adverbe. Ex. : *Quelque* prudemment que l'on se conduise avec la jeunesse, on ne réussit pas toujours.

DEUXIÈME RÈGLE. *Quelque*, employé devant un nom suivi de *que*, devient adjectif et présente deux cas.

1°. Ou le nom qui suit *quelque*, indique un objet qui peut se compter, alors ce nom se met au pluriel, et y appelle *quelque* qui, devenant son adjectif, en prend le genre et le nombre. Ex. : *Quelques* livres *que* vous ayez ; *quelques* succès *que* vous obteniez. Dans ces exemples, l'adjectif *quelque* exprime *quantité*, *nombre*, *pluralité*; c'est comme si l'on disait : *quelque* quantité de livres que vous ayez ; *quelque* nombre de succès que, etc.

2°. Ou le nom qui suit *quelque*, exprime un nom de choses qui ne se comptent pas, alors ce nom et son adjectif *quelque* se mettent au sinqulier. Ex. : *Quelque zèle* que vous apportiez à l'étude ; *quelqu'application* que vous mettiez à vos devoirs ; *zèle* et *application* ne se comptent pas ; aussi, *quelque* en pareil cas exprime l'étendue; c'est comme si l'on avait dit : *quelqu'étendu* que soit votre zèle, *quelque grande* que soit l'application....,.. etc. , en latin *quantuscumque*, adjectif déclinable, comme ici l'adjectif *quelque déclinable*, quoique sa déclinabilité ne soit pas apparente sous le rapport du genre, s'écrivant au féminin comme au masculin.

Passons à l'autre *quel - que* écrit en deux mots : 1°. le pronom *quel*, *quelle*; nous l'avons rencontré dans les interrogatifs prépositifs, ainsi que nous le rappellent ces exemples : *quel* livre, *quelles* fables lisez-vous? Comme on le voit, ce pronom est par sa nature un véritable adjectif, forcé de prendre le genre et le nombre du nom auquel il se rapporte. 2°. Le *que* qui fait la seconde partie du composé *quel-que*, est conjonction invariable par sa nature.

Troisième règle. Ce qui avertit qu'il faut

employer en deux mots le pronom *quel-que*, c'est le verbe *être* qui le suit immédiatement. Ex. : *Quel-que soit* votre zèle, *quels-que soient* vos talents ; *quelle-que soit* votre mémoire, cultivez-la ; *quelles-que soient* vos leçons. *Quel-que* ainsi employé en deux mots, exprime *la qualité, la nature*; comme si l'on disait : *quelle-que soit la qualité* de votre zèle ; *quelle-que soit la nature* de votre application, de vos talents, de votre mémoire, etc.

Dans ce *quel-que*, la première partie, *quel, quelle*, est adjectif déclinable en français, comme son correspondant *qualis* en latin, première partie de *qualis cumque sit*, *quel-que soit*; la seconde partie, *cumque*, indéclinable, comme la conjonction française *que*.

(*Observation.*) Pour achever de satisfaire l'intelligence sur la différence de *quelque* en un seul mot, et de *quel-que* en deux mots, ayons recours à un moyen sûr avec les étudiants les plus difficiles ; rapprochons, comparons ensemble un exemple de *quelque* et un exemple de *quel-que* en deux parties.

Quelques talents que vous ayez.

Quels-que soient vos talents.

Dans le premier exemple, je remarque *quelque* en un seul mot, joint immédiatement au nom auquel il se rapporte. Dans le second exemple, *quel-que* en deux mots est, au contraire, séparé par le verbe *être*, du nom auquel il se rapporte.

Mais cette manière de signaler cette différence, qui tient à une simple position de mots, est-elle bien exacte ? est-elle sans réplique ? Ne pouvons-nous pas lui opposer l'exemple suivant : Vos talents, *quels-qu'ils soient, vous dispensent-ils de travailler ?* En voyant ici *quels-que*, joint immédiatement au promom *ils*, qui, comme pronom, prend la même signification et le même rôle dans la phrase que son antécédent *talents*, pouvons-nous bien répéter que *quels-que* s'écrit en deux mots, parce qu'il est séparé par le verbe *être*, du mot auquel il se rapporte, lorsqu'au contraire, comme nous venons de le dire, ce mot *ils* est placé entre *quels-que* et le verbe *sont ?* Non, cette raison pour les phrases ainsi construites est insuffisante ; cherchons donc dans la comparaison des deux exemples :

> *Quelques talents* que vous ayez......
>
> *Quels-que soient* vos talents......

un moyen plus régulier et même plus *grammatical* de décider *quelque* en un seul mot, et *quel-que* en deux mots.

Dans le premier exemple, je remarque *quelque* en un seul mot se rapporter au complément du verbe.

Dans le second exemple, je vois *quels-que* en deux mots se rapporter au sujet du verbe.

Établissons donc cette règle définitive et à l'abri de toute objection. Quand *quelque......* que se rapporte au complément du verbe, il s'écrit en un seul mot, et comme adjectif il suit la règle d'accord. 2°. Quand *quel-que* se rapporte au sujet du verbe, que ce sujet soit *placé avant ou après le verbe*, il s'écrit en deux parties, la première est déclinable, la seconde invariable.

(*Deuxième observation.*) Le verbe qui suit ces

expressions *quelque...... que* et *quel-que*, doit se mettre au mode subjonctif.

VINGT-DEUXIÈME LEÇON.

TOUT, 1°. *devant un adjectif*; 2°. *devant un adjectif suivi de* QUE.

Nous avons vu précédemment *tout*, joint à un nom, et *tout*, pronom relatif, page 71.

PREMIÈRE RÈGLE. *Tout* s'emploie comme adverbe devant un adjectif et devant un participe; alors il prend la signification de *entièrement*, *tout-à-fait*, *complètement*.

Tout, ainsi employé adverbialement, est généralement invariable. Ex. : A cette nouvelle, ces dames ont paru *tout* étonnées (entièrement). Ces élèves sont *tout* disposés à travailler (tout-à-fait); aussi de bonne heure, je les ai trouvés *tout* habillés (complètement).

Cependant, *tout*, quoique prenant la signification adverbiale de *entièrement*, *tout-à-fait*, etc., prend l'accord, quand il est placé devant un adjectif ou un participe féminin, commençant par une consonne, ou devant une *h* aspirée; la dureté à éviter dans la prononciation le veut ainsi. Ex. : Ces dames sont *toutes frappées* de frayeur, quoiqu'elles nous aient paru *toutes hardies* dans des circonstances plus graves.

DEUXIÈME RÈGLE. La première partie de la règle précédente rend *tout* invariable devant les mots qui commencent par une voyelle, afin d'éviter les mauvaises consonnances qui résulteraient de la rencontre des finales féminines de *tout*, avec les voyelles initiales des mots suivants ; cependant il est des cas où cette règle doit céder et souffrir que *tout* prenne l'accord, afin d'éviter des effets ridicules, ainsi que dans ce vers :

> Rome n'est plus dans Rome, elle est *toute* où je suis.

La prononciation doit s'attacher à faire sentir l'E final de *toute*, féminin.

TROISIÈME RÈGLE. *Tout*, placé devant un adjectif suivi de *que*, a la signification adverbiale de *bien-que*, *encore-que*, etc. L'usage le soumet ici, comme dans la première règle de cette leçon, aux variations qu'exige la pureté de la prononciation ; d'où il suit que *tout* ainsi employé, est tantôt déclinable, tantôt indéclinable. Nous allons mettre sous les yeux le tableau des différents cas que peut offrir *tout*, ainsi employé.

Tout devant un adjectif masculin, singulier ou pluriel, commençant par une consonne ou par une voyelle, INVARIABLE.	*Tout* sage qu'est votre père..... *Tout* sages que sont vos frères..... *Tout* intéressants que sont vos frères.

Tout devant un adjectif féminin, singulier ou pluriel, commençant par une voyelle ou par une *h* non aspirée, INVARIABLE.	Cette fleur, *tout* agréable qu'elle est..... Ces fleurs, *tout* agréables qu'elles sont..... *Tout* honnêtes que sont ces dames.....
Tout devant un adjectif féminin, singulier ou pluriel, commençant par une consonne ou par une *h* aspirée, DÉCLINABLE.	Cette leçon, *toute* difficile qu'elle est..... Ces leçons, *toute* difficiles qu'elles sont..... *Toute* hardie qu'est cette dame..... *Toutes* héroïques que sont ses actions.....

En comparant ces divers cas et les exemples correspondants, nous voyons *tout* suivi de *que*, variable ou déclinable seulement devant les adjectifs féminins, au singulier et au pluriel, commençant par une consonne ou par une H aspirée; concluons donc que *tout*, ainsi placé devant un adjectif suivi de *que*, n'est variable que dans ce dernier cas.

(*Observation.*) Le verbe qui suit *tout*... *que*, se met au mode indicatif; employer le subjonctif, comme après *quelque*..... *que*, est une faute trop fréquente.

VINGT-TROISIÈME LEÇON.

Du Verbe.

Verbe (du latin *verbum*, *le mot*), comme pour indiquer que le verbe est dans toutes les langues *le mot par excellence*, d'un degré éminent et supérieur à toutes les autres parties du discours. En effet, le verbe exerce sur tous les mots d'une phrase, une supériorité et un pouvoir tels, qu'il en tient la signification et la valeur sous sa dépendance absolue. C'est le verbe qui leur donne l'âme et l'existence ; il est le grand ressort qui donne le mouvement à toutes les parties du discours, comme ce premier moteur met en action tous les rouages d'une pendule ; sans le verbe, tous les autres mots ne présentent ni sens, ni idée quelconque.

Exemple : La logique *donne* les règles qui *exercent* le jugement et le raisonnement.

Si je supprime les deux verbes de cette phrase, nous aurons : La logique..... les règles qui..... le jugement et le raisonnement ; autant de mots morts, privés de tout sens et de toute valeur.

Autre exemple :

Prêtez-moi, l'un et l'autre, une oreille attentive ;
Je ne *veux* point ici *rappeler* le passé
Ni vous *rendre* raison du sang que *j'ai versé* ;
Ce que *j'ai fait*, Abner, *j'ai cru devoir le faire*.

Quel sens présentera ce passage, privé des neuf verbes qui donnent aux mots qui les accompagnent, l'existence, la force et l'énergie qui animent ces beaux vers ? (*Athalie*, *récit du songe*.)

DES MOTS QUI REMPLISSENT DES FONCTIONS AUPRÈS DU VERBE.

Notions préliminaires.

Pour bien comprendre les développements de cette partie essentielle du discours, il est nécessaire de faire préalablement connaissance avec certaines expressions et avec certains mots, tellement associés au verbe, qu'il serait impossible, sans les comprendre, sans savoir les distinguer dans leurs fonctions, de parler avec succès de celles que remplit le verbe dans le discours.

Les mots inséparables ordinairement du verbe, qu'ils soient exprimés ou sous-entendus, sont : 1°. le *sujet*, la *copule* et l'*attribut* ; 2°. le *complément direct* que nous nommons également *primaire*, et le *complément indirect* ou *secondaire*.

1°. Le *sujet*, la *copule* et l'*attribut* sont appelés les trois parties essentielles, ou absolument nécessaires, pour obtenir une proposition, telle que la suivante :

Les Français sont braves.

Les Français,	*sujet.*
Sont,	*copule.*
Braves,	*attribut.*

Ces trois parties essentielles forment donc une proposition ou un jugement.

On appelle *jugement*, cette opération de l'esprit qui, après examen, juge que telle qualité convient à un être animé ou inanimé. En effet, avant de prononcer que les *Français sont braves,* mon esprit a soumis à son examen le sujet, *les Français;* il a vu par la pensée qu'il y avait convenance entre eux et la qualité de *brave;* il a prononcé le jugement qu'exprime la proposition, *les Français sont braves.* Ainsi nous pouvons dire que *proposition* et *jugement* sont grammaticalement synonymes.

Ces premières notions nous aideront à expliquer pourquoi le *sujet,* la *copule* et l'*attribut* sont ainsi nommés.

Sujet, du latin *subjectus, soumis;* en effet, ne venons-nous pas de dire que le *sujet, les Français,* avait été *soumis,* 1°. à l'examen; 2°. au jugement qui lui avait attribué la qualité de *brave?* Le sujet est donc la personne ou la chose soumise au jugement sur la qualité ou sur l'action qu'il convient de lui attribuer.

Copule, du latin *copula, lien, attache;* n'est-il pas évident que dans le jugement qui prononce la convenance entre le sujet *les Français* et la qualité de *brave,* le verbe *sont* est le lien qui attache ces deux mots ensemble?

L'attribut, de *attributum, attribut,* qui exprime la chose attribuée au sujet. Dans l'exemple ci-dessus, la qualité de *brave* est attribuée aux Français; ce qui a fait donner à cette troisième partie de la proposition, le nom d'*attribut.* D'après ces explications, il est facile de reconnaître ces trois parties dans l'exemple suivant :

La vertu est aimable.

Sujet,	la vertu.
Copule,	est.
Aimable,	attribut.

2°. Nous avons encore indiqué comme ex-pressions ou mots associés ordinairement au verbe, *le complément direct* ou *primaire*, *le com-plément indirect* ou *secondaire*.

Le complément direct complète et achève im-médiatement la signification d'un verbe. Ex. : *Je donne*; le verbe *donne* présente un sens vague qui a besoin d'être *déterminé, achevé, complété*; en effet, *donne* quoi? Si je réponds, une *récom-pense*, ce mot complète la signification du verbe *je donne*.

Mais, je donne une récompense, laisse encore à désirer; le sens ne se présente pas encore par-faitement achevé; s'offre comme naturellement la question, *à qui* se donne la récompense? La réponse, à l'*élève laborieux*, achève et complète définitivement le sens du verbe *je donne*.

Ainsi, dans *je donne une récompense à l'élève laborieux*, le mot *récompense* a le premier com-plété le sens du verbe *donne*; à *l'élève*, l'a com-plété en second lieu; de là, les dénominations de complément *primaire* et de complément *se-condaire*, que je me suis vu forcé de substituer quelquefois à celles de *direct* et d'*indirect*, en faveur d'intelligences qui s'expliquaient diffici-lement ces expressions, et principalement celle d'*indirect*, dans une action qui n'a qu'une vo-lonté directe à l'égard de tout ce qui en est l'objet.

Avec ces notions préliminaires, nous allons entrer dans les développements du verbe.

Première définition. Le verbe, considéré dans toute proposition, est un mot qui marque la convenance entre l'*attribut* qu'il renferme, et le *sujet*.

AUTRE DÉFINITION. Le verbe est un mot qui marque de la part du *sujet*, ou l'action qu'il fait, ou une action soufferte par lui, ou sa manière d'exister.

Concluons de ces deux définitions que tout verbe tient sa nature de son sujet.

Si celui-ci agit et fait l'action, le verbe est *actif*.

Si le sujet supporte l'action, le verbe est *passif*.

Si le sujet marque une simple situation ou manière d'être, étrangère à toute action sortant du sujet, le verbe est *neutre*, etc.

VINGT-QUATRIÈME LEÇON.

Des différentes espèces de Verbes.

PREMIÈRE RÈGLE. Il n'y a en général que deux espèces de verbes : le verbe *substantif* et le verbe *adjectif*.

Le verbe *substantif* est celui qui existe par lui-même, et sans le secours d'un autre mot ; tel que le seul verbe *être* ; ce qui a fait dire à quelques grammairiens, que le verbe substantif était le seul et unique verbe dans les langues en général.

Le verbe *adjectif* au contraire s'appelle ainsi, parce que, pour sa formation, il a recours au verbe *être* et à un *adjectif* ; l'un et l'autre fondus ensemble, ne forment qu'un seul mot, mais susceptible d'une décomposition qui fait ressortir l'*adjectif*, attribut du sujet. Ainsi, une proposition dans laquelle nous avons distingué trois parties essentielles, le *sujet*, la *copule* et l'*attribut*, n'en présentera en apparence que deux, si elle emploie un verbe *adjectif;* mais ce verbe soumis à la décomposition, nous rendra la troisième partie ou l'attribut; exemple : *Ernest étudie; étudie,* verbe adjectif qui renferme le verbe substantif *est,* et l'adjectif *étudiant.* Nous retrouvons donc les trois parties essentielles de cette proposition, qui n'en présentait d'abord que deux : *Ernest est étudiant.*

La même décomposition produit le même résultat avec tous les verbes adjectifs.

Il y a six sortes de verbes adjectifs, savoir :

1°. Le verbe actif,
2°. Le verbe passif,
3°. Le verbe neutre,
4°. Le verbe réfléchi ou réciproque,
5°. Le verbe impersonnel,
6°. Le verbe défectueux.

DEUXIÈME RÈGLE. Le verbe *actif* est celui dont le sujet fait l'action qu'exprime ce verbe. Ex. : *Adolphe frappe Ferdinand ;* il est clair, 1°. que le sujet *Adolphe,* fait l'*action* exprimée par le verbe actif *frappe;* 2°. que cette action passe d'*Adolphe* à *Ferdinand.* Ce passage de l'action du sujet sur un autre objet, a fait encore nommer les verbes actifs, verbes *transitifs* (du latin *transire,* passer d'un lieu ou d'un objet à un autre).

TROISIÈME RÈGLE. Nous opposerons au verbe *actif* où le sujet fait l'action, le verbe *passif* où le sujet au contraire supporte l'action. (*Passif* du latin *pati, passivus,* supporter, qui souffre). En effet, avec l'actif nous avions : *Adolphe frappe Ferdinand* ; avec le passif, nous aurons : *Ferdinand est frappé par Adolphe*. Ce changement de l'actif en passif a fait que l'objet ou le complément de l'action faite par Adolphe, en est devenu le sujet, comme supportant cette action ; de là, ce verbe est appelé *passif*, et pour exprimer la fonction qu'il remplit, il emploie dans tous ses temps l'auxiliaire *être*, dont l'alliance avec le participe passif d'un verbe, exprime généralement un état de *passibilité*.

QUATRIÈME RÈGLE. A ces deux verbes, l'*actif* et le *passif*, nous allons opposer le verbe *neutre*, ainsi appelé, parce qu'il n'est ni l'un ni l'autre (du latin *neuter*, qui n'appartient à aucun des deux) ; telle est la signification de *neutre* pour les verbes ainsi qualifiés. Les verbes neutres, étrangers donc au verbe actif et au verbe passif, se bornent à exprimer l'état, la situation, la manière d'exister du sujet. Exemple : Jules *dort ; dort*, verbe neutre, indiquant absence de toute action, et se bornant à marquer, de la part du sujet *Jules*, sa manière présente d'exister. Ce malade *languit ; languit*, verbe exprimant l'état maladif du sujet.

CINQUIÈME RÈGLE. Quelques verbes classés parmi les verbes neutres, expriment cependant une action, mais action bien différente de celle des verbes actifs. Dans ceux-ci, ainsi que nous venons de le dire, règle deuxième, l'action faite par le sujet passe de lui à un autre objet. C'est le contraire pour l'action qui existe dans quelques verbes neutres ; cette action est intrinsèque au sujet qui la fait ; elle se concentre dans sa personne et ne passe pas hors d'elle ; ce qui fait donner à ces verbes neutres le nom d'*intransitif*, par opposition à la qualité de *transitif*, attribuée à l'action transitoire des verbes actifs.

Parmi les verbes neutres renfermant une action, nous citerons *sauter*, *danser*, *courir*, etc. Il est évident que dans ces verbes, il existe une action, mais elle reste personnellement à celui qui saute, à celui qui danse, à celui qui court. Aucune de ces actions n'est communiquée à qui que ce soit ; aussi, comme on le répète aux etudiants, sans leur en expliquer suffisamment la raison, reconnaît-on les verbes neutres, quand on ne peut pas mettre après eux les mots *quelqu'un*, *quelque chose*, comme après les verbes actifs. Il est clair que du verbe actif sort une action qui trouve quelqu'un ou quelque chose pour la recevoir ; tandis que des verbes neutres, aucune action ne sort du sujet ; ni quelqu'un, ni quelque chose ne peuvent donc être le complément d'une action qui n'existe pas, ou qui, si elle existe, ne leur est pas communiquée comme *intransitive*.

On objecte contre cette règle ces manières de parler : *Danser une contre-danse, sauter un fossé, courir un lièvre*. Notre langue, comme la langue latine, a des prépositions sous-entendues ; ainsi, en rendant à ces verbes celles qui leur conviennent, on aura danser *dans* une contre-danse, sauter *par-dessus* un fossé, courir *après* un lièvre ; monter un cheval, pour *dessus* un cheval.

Sixième règle. Le verbe *pronominal* est ainsi nommé, parce qu'il se conjugue avec deux pronoms de la même personne, *je me* félicite, *tu te* félicites, *nous nous* félicitons, *vous vous* félicitez, *ils* ou *elles* se félicitent, etc.

De ces deux pronoms qui servent à conjuguer
les verbes *pronominaux*, l'un est sujet, l'autre
est complément du verbe, exemple : Je me félicite, ou *je* félicite *moi; je* sujet, *moi* complément. Ainsi on voit, 1°. que le sujet et le complément de ces verbes représentent une seule
et même personne; 2°. que l'action du verbe
revient et réfléchit essentiellement sur le sujet ;
ce qui a fait nommer ces verbes, *verbes réfléchis*. Ainsi fait la balle qui, frappant le mur,
réfléchit dans la même direction, et revient
dans la main même qui l'a lancée.

Ce verbe est encore appelé verbe *réciproque*,
c'est-à-dire, verbe dont l'action se partage *réciproquement* entre plusieurs individus. Cette réciprocité d'action ne peut donc s'exprimer que
par les personnes du pluriel des différents tems
de ce verbe; exemple : Adolphe et Léon *s'aiment* beaucoup ; mais, dans leurs jeux, *ils se
battent* souvent. L'action des deux verbes *s'aiment* et *se battent*, se partage entre ces deux
enfants; il y a entre eux réciprocité d'amitié et
distribution réciproque de coups, ce qui constitue le *verbe réciproque*.

Septième règle. Le verbe *impersonnel* est ainsi
appelé, suivant la définition la plus générale,
parce qu'il n'a que la troisième personne; cette
définition est-elle bien satisfaisante? Comment
la concilier avec le qualificatif *impersonnel* qui,
avec sa préposition privative *in*, dont on fait
quelquefois *im*, veut certainement dire *sans
personne*, comme *imprudent, inconstant, impa*

tient, signifient *sans prudence*, *sans constance*, *sans patience?*

Pourquoi donc, ainsi que nous l'avons appris pour les autres verbes, ne dirions-nous pas que le *verbe impersonnel* tient également de son sujet sa nature et sa définition? En effet, le verbe *actif* est ainsi appelé, parce que le sujet fait l'action. Le *passif*, parce que le sujet la souffre et la supporte. Le *réfléchi*, parce que le sujet rappelle à lui l'action qui part de lui-même. Le verbe *neutre*, parce que son sujet est étranger à toute action; pourquoi ne dirions-nous pas de même du verbe *impersonnel*, qu'il est ainsi appelé, parce que son sujet factice, *il*, est étranger à toute personne?

Le verbe appelé *impersonnel* tient tellement de son sujet, vague et indéterminé, sa nature et le nom particulier qui le distingue des autres verbes, que tel verbe actif ou neutre, *personnel de sa nature*, devient *impersonnel* ou du moins est employé *impersonnellement*, en passant sous la domination du sujet factice et *impersonnel, il*.

Un exemple adapté au cas présent, va confirmer cette opinion. Je connais toute la sollicitude de votre père; *s'il arrive* qu'il vienne à savoir que vous êtes blessé par suite de votre querelle avec votre ancien camarade, à l'instant *il arrive* à Paris. Le verbe *arriver* présente ici deux significations; personnel de sa nature, le sujet *il*, pronom personnel dans, à l'instant *il arrive*, lui conserve sa personnalité, lorsqu'au contraire ce même verbe la perd, par l'impersonnel *il*, dans : *s'il arrive* que votre père vienne à savoir, etc.

Concluons donc de cet exemple que le verbe impersonnel tient sa nature de l'impersonnalité de son sujet, et que c'est à lui seul qu'il doit son titre distinctif d'*impersonnel*.

A cette question : Qu'est-ce que le verbe impersonnel ? nous répondrons donc : *Le verbe impersonnel est celui dont le sujet factice est étranger à toute personne ou à toute chose, ou dont le sujet ne désigne ni personne ni chose.* (Ce sujet *il*, ne présente qu'un sens vague, tel que le sens du pronom indéfini *on*, auquel ce sujet *il* pourrait être assimilé.) Si cette définition laisse encore à désirer, au moins ne présente-t-elle pas la contradiction manifeste de refuser et d'accorder en même tems ; de déclarer par le mot *impersonnel*, qu'un verbe est sans personne, tout en lui en reconnaissant une troisième.

Huitième règle. Nous avons encore les verbes *défectueux* ou *défectifs ;* tels sont les verbes qui éprouvent le *déficit*, l'absence de quelques personnes, de quelques modes ou de quelques tems. Dans cet ordre, on peut placer les impersonnels et nombre d'autres auxquels l'usage impose cette privation. La pratique étudiée de notre langue les indique et fait éviter les fautes de l'ignorance populaire.

. VINGT-CINQUIÈME LEÇON.

Des parties intégrantes des Verbes, comme entrant essentiellement dans la composition des Verbes.

Les parties intégrantes et essentielles des verbes sont :

Les nombres,
Les personnes,
Les modes,
. Les tems.

Joindre ensemble toutes ces parties en les appliquant à un verbe, c'est ce qu'on appelle *conjuguer* un verbe, (du latin *conjungere, jungere cum, joindre ensemble.*) Ainsi, conjuguer un verbe, c'est le faire passer successivement par ses deux nombres, par ses trois personnes, par ses cinq modes et par tous ses tems.

DES NOMBRES ET DES PERSONNES DES VERBES.

PREMIÈRE RÈGLE. Les verbes, comme les autres parties variables du discours, passent du singulier au pluriel. Ce passage est indiqué ou par le nom qui fait les fonctions de *sujet,* ou par les pronoms personnels qui se placent ordinairement devant le verbe, sauf quelques cas particuliers que nous verrons. Nous avons désigné les pronoms qui désignent chaque personne, tant au singulier qu'au pluriel, page 5o.

DES MODES DANS LES VERBES.

Deuxième règle. *Mode*, du latin *modus*, mode ou *manière*, exprime la manière dont est présentée l'action d'un verbe; si l'on exprime cette action d'une manière précise et indépendante de toute circonstance quelconque, on a le mode *indicatif*.

Si l'action est présentée d'une manière dépendante de quelque condition, on a le mode *conditionnel*.

Si l'action est présentée subordonnée à commandement, avis, conseil, etc., on a le mode *impératif*.

Si l'action est présentée sous la dépendance d'un premier verbe qui précède et qui exprime nécessité, désir, doute, on a le mode *subjonctif*.

Enfin si l'action est présentée d'une manière *vague*, *indéterminée* et *infinie*, sans préciser ni nombre, ni personne comme sujet du verbe, on a le mode *infinitif*.

Ainsi donc, cinq modes dans les verbes, ou cinq manières de présenter l'action d'un verbe l'*indicatif*, le *conditionnel*, l'*impératif*, le *subjonctif* et l'*infinitif*.

DE L'INDICATIF.

Troisième règle. L'*indicatif* (du latin *indicare*, indiquer) indique en effet une action existante formellement et indépendamment de toute circonstance et de toute autre action, comme *je travaille*, *je travaillais*, *j'ai travaillé*, *je travaillerai*. On voit ici l'action du travail, précisée d'une manière absolue et indépendante de toute circonstance; c'est ce qui ne se trouve pas dans les autres modes.

DU MODE CONDITIONNEL.

QUATRIÈME RÈGLE. Le *conditionnel* est loin de partager l'indépendance de l'*indicatif*. Dans le *conditionnel*, l'action du verbe est soumise à une condition, dépendante elle-même de circonstances qui peuvent se réaliser, comme elles peuvent ne pas avoir lieu. Ex. : *Je lirais, si vous trouviez quelques bons livres à me prêter.*

On voit clairement dans cet exemple que l'action de lire est soumise à la condition, incertaine encore, de *trouver quelques bons livres*, etc.

DU MODE IMPÉRATIF.

CINQUIÈME RÈGLE. Dans le mode *impératif* (du latin *imperare*, commander), l'action du verbe est subordonnée à trois circonstances :

1°. A un commandement : Paresseux, *sortez* de cette classe; *portez* ailleurs vos mauvais exemples.

2°. A un conseil : Mon fils, *apprenez* de bonne heure à réprimer vos emportements.

3°. A une prière : O mon père ! *pardonnez* à ma jeunesse ses erreurs; ne me *retirez* pas vos bienfaits.

DU MODE SUBJONCTIF.

SIXIÈME RÈGLE. *Subjonctif* (du latin *subjungere*, soumettre, tenir sous sa dépendance); en effet, dans le mode *subjonctif*, le verbe dont on veut exprimer l'action est tellement sous la dé-

pendance d'un premier verbe qui le précède,
que sans celui-ci, le second verbe ne présenterait qu'un sens incomplet et informe, ainsi
que le prouvent les exemples suivants :

Que vous travailliez assidument.
Que vous vous portiez bien.
Que vous soyez aussi appliqué que précédem-
ment.

Ces exemples ne présentent que des portions
de phrases qui, pour se compléter, demandent
que les verbes *travailliez*, *portiez* et *soyez aussi*
appliqué, se placent sous la dépendance et sous
l'action d'un premier verbe, comme : *il faut que*
vous travailliez assidument ; *je désire que* vous
vous portiez bien ; *je doute que* vous soyez aussi
appliqué que précédemment.

Ce mode prend encore les noms d'*optatif* (du
latin *optare*, désirer, souhaiter), et de *dubitatif*
(de *dubitare*, douter), parce qu'en effet ce mode,
ainsi que l'indiquent les exemples ci-dessus,
exprime souvent un désir, un doute, etc.

DU MODE INFINITIF.

Septième règle. Le mode *infinitif* (*modus*
infinitivus, mode qui ne définit et ne précise
rien, ni nombre, ni personne), ne présente en
effet l'action du verbe que d'une manière vague
et infinie, sans objet, sans l'attribuer à qui que
ce soit. Ex. : *Exposer sa vertu pour défier le vice,*
c'est courir en aveugle au-devant du danger.

On ne trouve, pour ainsi dire, dans ce mode
que le nom du verbe modifié de différentes
manières, comme, *travailler, avoir travaillé, de-*

voir travailler, etc. ; ce qui a fait dire avec raison à quelques grammairiens que l'*infinitif* ne présentait, à proprement parler, que le nom du verbe.

VINGT-SIXIÈME LEÇON.

Des Tems dans les Verbes.

DÉFINITIONS PRÉLIMINAIRES.

Le tems en général a trois divisions naturelles : le *présent*, le *passé* et l'*avenir*.

Telles sont aussi les bases sur lesquelles ont été établis les différents tems dans les verbes. Cependant, comme les actions de l'homme et les événements naturels tiennent plus ou moins au présent, au passé et à l'avenir, il en résulte dans leurs époques, des nuances différentes que l'on a cherché à saisir et à préciser dans les différents tems des verbes ; c'est aussi ce qui les multiplie dans les différents modes, au-delà des trois divisions générales qui commencent cette leçon.

D'après cette explication, disons que les tems d'un verbe servent à préciser le moment de l'action qu'il exprime.

Les tems se distinguent entre eux par des terminaisons différentes.

Parmi les tems de chaque mode, les uns sont *simples*, les autres sont *composés.*

Les tems *simples* sont ceux où le verbe se suffit à lui-même pour se conjuguer : *je travaille, j'étudierai.*

Les tems *composés* sont ceux qui, pour se conjuguer, ont besoin d'appeler à leur secours les verbes *être* ou *avoir*, appelés pour cela verbes *auxiliaires* (du latin *auxiliaris*, qui aide, qui donne secours). Alors ces tems se composent de l'un de ces auxiliaires et du participe passif du verbe à conjuguer : *Je suis récompensé, quand j'ai bien travaillé.*

Nous verrons dans la suite l'auxiliaire qui convient à tel ou tel verbe, suivant sa nature. Pour le présent, nous nous bornerons à dire que généralement les verbes actifs se servent de l'auxiliaire *avoir*; et les verbes passifs, de l'auxiliaire *être*.

Pour bien employer les tems dans les verbes, il est essentiel d'en bien connaître la valeur et la signification.

DES TEMS DE L'INDICATIF.

L'indicatif a huit tems, savoir :
Le présent absolu,   *je travaille.*
Le présent-relatif, communément appelé l'imparfait,   *je travaillais.*
Le parfait-défini,   *je travaillai.*
Le parfait-indéfini,   *j'ai travaillé.*
Le parfait-antérieur,   *j'eus travaillé.*
Le plusque-parfait,   *j'avais travaillé.*
Le futur absolu,   *je travaillerai.*
Le futur relatif-antérieur, *j'aurai travaillé.*

PREMIÈRE RÈGLE. Le *présent absolu* est ainsi appelé, parce qu'il ne dépend que du moment qu'il précise. Il exprime une action qui se fait dans l'instant même qu'on en parle. Cet instant est tellement étranger à toute nuance et à la modification la plus simple, qu'à peine exprimé par la parole, il n'est plus à nous, il nous a échappé : *je travaille, j'écris, j'étudie,* etc.

Cependant on trouve le présent employé fort élégamment pour exprimer la promptitude que l'on mettra à faire une action; le présent est alors accompagné d'expressions qui marquent l'avenir, exemple : *J'écris à votre père; aussitôt qu'il m'aura répondu, je pars. Je pars,* tems présent, mais soumis à l'avenir par ces mots, aussitôt que votre père *m'aura répondu.*

Deuxième règle. L'*imparfait,* ou présent-relatif, second tems de l'indicatif.

Nous avons dit que le présent était qualifié d'*absolu,* comme indépendant de tout instant autre que celui qu'il précise.

Par opposition, l'imparfait est encore appelé *présent-relatif,* parce qu'il exprime une action qui était présente *relativement* au moment où une autre action se faisait, mais passée pour l'instant où l'on en parle; exemple : *Je lisais hier, quand vous êtes entré chez moi.*

Je lisais, action présente au moment de *votre action* d'entrer chez moi, mais passée pour aujourd'hui que j'en parle et que je la rappelle. En un mot, comme cet exemple le prouve, ce tems renferme du *présent* et du *passé;* de là, la dénomination d'*imparfait.*

Troisième règle. Le *parfait,* autrement appelé *prétérit* (du latin *præteritum tempus, tems passé*), a les quatre modifications suivantes : le *parfait défini,* le *parfait indéfini,* le *parfait antérieur,* le *plusque-parfait.*

Le parfait défini est ainsi appelé, parce qu'il

définit et fixe d'une manière déterminée le tems dans lequel s'est fait une action; il le limite tellement dans le cercle du passé, qu'il ne doit pas même en rester une minute lorsqu'on en parle; exemple : *J'examinai hier votre composition*. *J'examinai*, parfait défini qui désigne par l'expression *hier*, un temps entièrement écoulé et dont il ne reste plus rien, par rapport à la journée d'aujourd'hui que j'en parle. Il ne serait donc pas permis de dire : *j'examinai ce matin votre composition;* pourquoi? parce que *ce matin* indique un temps non entièrement écoulé, ce matin étant une portion de la journée qui est encore en notre pouvoir.

Quatrième règle. Le *parfait indéfini*, le contraire du précédent, ne limite point le tems dans lequel une action s'est faite; il permet qu'on l'attribue à un tems tout-à-fait écoulé, comme à un tems qui ne l'est pas complétement; ainsi, d'après cette règle, je puis dire : J'ai examiné *hier* votre composition, ou j'ai examiné *ce matin* votre composition. *Hier*, tems entièrement passé; *ce matin*, partie du tems existant et encore à notre disposition.

Cinquième règle. Le *parfait antérieur;* on se sert de ce parfait pour désigner une action faite antérieurement à une autre également passée. Ce tems, dans son emploi, est toujours précédé d'une des conjonctions *dès que, aussitôt que, lorsque;* exemple : Dès que *j'eus achevé* ma composition, *je sortis* de la classe; aussitôt que *j'eus remis* ma copie, *je me reconnus* des fautes. Ma composition achevée, action faite antérieurement à ma sortie de classe; ma copie remise, autre action faite antérieurement à la reconnaissance des fautes, etc.; donc, j'eus *achevé* ma composition, j'eus *remis* ma copie, deux actions antérieures, exprimées par un prétérit ou parfait, justement appelé *parfait antérieur.*

SIXIÈME RÈGLE. *Plusque-parfait.* Le parfait antérieur, par les conjonctions *dès que*, *aussitôt que*, etc., marque un passage prompt et immédiat de la première action à la seconde, ainsi que nous venons de le voir. Il n'en est pas de même dans le *plusque-parfait*, quoique marquant également une première action faite dans un tems antérieur à celui où une seconde action a eu lieu. Dans le *plusque-parfait*, la première action a été faite bien avant la seconde, autrement dans un tems plus que passé par rapport au tems de la seconde action; de là, le nom de *plusque-parfait*, synonyme de plus que passé. Exemple : Il y avait deux ans que *j'avais fait* ma rhétorique, *quand mon frère est entré* au collége. On voit clairement que la première action est plus ancienne que la seconde (de deux années), qu'elle appartient donc à un tems plus que passé par rapport *à l'entrée* de mon frère au collége.

Il y a encore cette différence entre le parfait antérieur et le plusque-parfait; c'est que la conjonction qu'exige l'emploi de celui-ci, se place avant le verbe de la seconde action, lorsqu'au contraire, pour l'emploi du parfait antérieur, la conjonction se place immédiatement avant lui. Voyez et comparez l'exemple de l'une et de l'autre règle.

SEPTIÈME RÈGLE. Le futur de l'indicatif se

divise en *futur absolu* et en *futur passé*, autrement *futur antérieur*.

Le *futur absolu* marque une action à faire, indépendamment de toute autre action, comme *je lirai, j'étudierai, je m'appliquerai*, et *j'obtiendrai* une meilleure place dans la première composition; autant de verbe qui indiquent une action encore dans un avenir, mais *hors de la dépendance* de toute autre action; de là le qualificatif d'*absolu* donné à ce futur.

Huitième règle. Le *futur-passé*, deux expressions qui présentent un sens bien opposé; *futur*, ou action à faire, à laquelle on associe l'idée du *passé;* voilà ce que concilient, ce que comprennent difficilement les commençants; aussi a-t-on voulu suppléer à ces deux expressions contradictoires, en apparence au moins, par la dénomination de *futur-antérieur;* prouvons-en la justesse et l'exactitude par l'exemple suivant : *J'aurai achevé* ma composition, quand l'*heure fixée sonnera. J'aurai achevé*, action à faire, mais qui sera faite antérieurement à la seconde également dans l'avenir, *quand l'heure sonnera.* Nous avons donc ici deux futurs, dont le premier, *j'aurai achevé*, sera réalisé et effectué antérieurement au second, quand l'*heure sonnera;* c'est le premier que nous nommons *futur-antérieur.*

VINGT-SEPTIÈME LEÇON.

Des Tems du Mode conditionnel.

Le mode conditionnel n'a que deux tems : le *conditionnel simple* et le *conditionnel composé.* Dans ces deux tems, l'action du verbe est subordonnée à une condition ; exemple pour le conditionnel simple : *Je me donnerais* par goût à la lecture, *si j'avais* de bons livres.

Exemple pour le conditionnel composé :

J'aurais fait des études bien meilleures et bien plus honorables, *si j'avais préféré* les bons conseils de mes parents à ceux de jeunes camarades aussi étourdis que moi.

Dans ces deux exemples, l'action du premier verbe de chaque phrase est soumise à la condition qui suit la conjonction *si*, appelé par son emploi, *si conditionnel.*

TEMS DU MODE IMPÉRATIF.

Ce mode n'a qu'un tems ; voyez ce qui a été dit page 92. Nous ajouterons ici une simple observation : l'*impératif* a essentiellement un sens futur ; car, si l'action du verbe que ce mode emploie, existait, il serait inutile d'en exiger l'existence par commandement, ou de la provoquer par conseil ou par prière.

DES TEMS DU MODE SUBJONCTIF.

Nous avons dit, page 92, que ce mode tenait son nom de l'action et du pouvoir que le premier verbe exerçait sur celui qui le suit ; car

observons que, pour employer les tems du subjonctif, il faut deux propositions jointes ensemble par la conjonction *que*, appelé autrement *que conjonctif*; exemple : *Votre reconnaissance pour vos parents veut que vous remplissiez
bien vos devoirs au collége; votre reconnaissance
veut*, première proposition; *que vous remplissiez........* seconde proposition, jointe à lá première par le conjonctif *que*, et tellement sous
la dépendance de cette première, que sans elle,
la seconde proposition, *que vous remplissiez vos
devoirs*, ne présenterait qu'un sens nul, ou au
moins incomplet.

Le subjonctif a quatre tems.

Le présent,
L'imparfait,
Le parfait,
Le plusque-parfait.

Souvent nos étudiants nous ont demandé
pourquoi le subjonctif n'avait pas de futur. La
réponse se trouve dans le sens d'une action à
faire, et non faite, que présentent la plupart
des tems du subjonctif, placés sous la dépendance du verbe qui les précède. Ex. pour le
présent : *Il faut que vous acquériez* les livres
utiles à votre enseignement. Pour l'imparfait :
Je désirerais que vous y ajoutassiez des livres
capables d'intéresser vos moments de récréation. Pour le parfait : *Je désire que vous ayez
terminé* vos études avant de rentrer dans votre
famille.

Si l'on consulte bien le sens des seconds
verbes employés dans ces exemples, on reconnaîtra dans tous une action non faite, mais à

faire, conformément au désir exprimé par le premier verbe; donc un tems futur, qui n'indiquerait de même qu'une action à faire, deviendrait surabondant et inutile.

(*Observation.*) A quel tems du subjonctif doit-on mettre le second verbe, placé sous la dépendance du premier? La réponse et les développements qu'elle exige, appartiennent à la syntaxe. Cependant, comme il est important d'éviter, ne serait-ce que dans notre enseignement et dans les exemples qui lui sont nécessaires, des fautes trop communes, nous répondrons provisoirement à cette demande par l'aperçu de quelques règles.

PREMIÈRE RÈGLE. Le premier verbe, employé au *présent* et au *futur* de l'indicatif, veut au *présent* du subjonctif le second verbe qui lui est soumis. Ex. : Avec le présent : *Il faut, je désire que vous marchiez* toujours de front avec vos devoirs. Pour le futur : Nul état n'est exempt de soucis; celui que vous exercerez, *il faudra que vous sachiez* en dorer les chaînes.

DEUXIÈME RÈGLE. Tous les tems de l'indicatif qui expriment un tems passé, et de plus les deux conditionnels, veulent à *l'imparfait* du subjonctif les verbes qu'ils tiennent sous leur dépendance. Ex. : *Je voulais, je désirai, j'ai souhaité, j'avais douté, j'eus désiré, je désirerais, j'aurais voulu* que des paisibles vertus vous *respectassiez* l'empire, et que de ces filles du ciel *vous reconnussiez* les droits.

Dans cet exemple, les deux verbes vous *respectassiez, reconnussiez*, sont régis à l'imparfait du subjonctif par les tems passés de l'indicatif, accumulés dans le premier membre de la phrase, pour simplifier les exemples. On voit que nous avons ajouté à ces tems passés le conditionnel simple, *je désirerais*, ainsi que le veut cette seconde règle trop généralement méconnue.

TROISIÈME RÈGLE. Le parfait du subjonctif s'emploie après les tems suivants de l'indicatif, savoir, le *présent*, le *parfait indéfini*, le *plusque-parfait* et le *futur* : *Je ne crois pas, je n'ai pas cru, je n'avais pas pensé, je ne croirai pas que vous ayez pu* par le mensonge vous soustraire aux lois de l'honneur. *Vous ayez pu*, verbe du second membre de la phrase, au parfait du subjonctif.

QUATRIÈME RÈGLE. Le plusque-parfait du subjonctif peut s'employer principalement après l'imparfait, le parfait, le conditionnel composé, et plus particulièrement encore après le plusque-parfait. Ex. : *Je pensais, j'aurais cru, j'avais imaginé* qu'esclave de votre raison, une sage tempérance vous *eût* ou vous *aurait conservé* l'usage de toutes vos facultés.

VINGT-HUITIÈME LEÇON.

Des Tems du Mode infinitif.

L'*infinitif*, comme nous l'avons dit, présente d'une manière vague, et sans l'attribuer ni à personne, ni à aucun nombre, l'action exprimée par un verbe. On donne ordinairement six tems au mode infinitif, savoir :

Le présent,   Le participe actif,
Le parfait,   Le participe passif,
Le futur,   Le gérondif.

PREMIÈRE RÈGLE. Le présent de l'infinitif n'est à proprement parler que l'indication, que le nom du verbe que l'on a employé ou que l'on veut employer, comme : *aimer, lire.*

Le présent s'emploie dans diverses propositions, ou comme sujet, ou comme complément d'un adjectif, d'un verbe ou d'une préposition. Ex. : Comme sujet, *mentir est* une chose honteuse. Comme complément d'un verbe, *je veux lire*; d'un adjectif, *avide de voir*; d'une préposition, je vous écrirai *avant de partir.*

DEUXIÈME RÈGLE. Le parfait de l'infinitif conserve la destination que nous avons reconnue à ce tems; il s'exprime par le participe passif du verbe en question, précédé de *avoir.* Ex. : Après *avoir achevé* son devoir, cet élève a lu; *avoir achevé,* action passée.

TROISIÈME RÈGLE. Le futur ne change point à l'infinitif la faculté de marquer l'avenir; mais il a une manière toute particulière de l'exprimer; il se sert du présent de l'infinitif, auquel on ajoute une expression qui indique l'avenir, comme : *devoir partir, sur le point d'arriver*; examen *à soutenir prochainement,* etc., autant d'expressions indiquant une chose à faire.

QUATRIÈME RÈGLE. Le participe (du latin *particeps,* participant, qui participe), tient ce nom du double rôle qu'il remplit dans notre langue, en participant tantôt du verbe, tantôt de l'adjectif qualificatif ; autrement, en remplissant tantôt les fonctions du verbe, tantôt celles du qualificatif. Ex. : Pour le participe actif, tenant du verbe : Un bon fils *chérissant* ses parents. Pour le même, tenant de l'adjectif : Un enfant d'un *caractère aimant*, est à son tour bien aimable.

Pour le participe passif, tenant du verbe : Ma mère *a toujours chéri* ses enfants ; participe passif, tenant de l'adjectif : Un élève *appliqué* à mériter l'estime de ses maîtres.

Ces exemples nous annoncent donc deux participes ; 1°. le participe *actif* terminé en *ant*, pour tous les verbes actifs. 2°. Le participe *passif* que nous tenons des verbes passifs, mais sous diverses terminaisons, consacrées plutôt par l'usage que par aucune règle quelconque, tels que *aimé, chéri, reçu, écrit, offert, cousu*, etc.

Nous renvoyons à un chapitre particulier toutes les règles concernant les participes.

Cinquième règle. Le *gérondif* (du latin *gerere, gero*, faire), exprime une action qui se fait simultanément avec une autre et par la même personne. Le gérondif se forme du participe actif, que l'on fait précéder de la préposition *en*. Ex. : Je me promenais *en lisant ;* je travaille tout *en chantant. En lisant, en chantant*, expriment chacun une action faite dans le même moment et par la même personne qui fait l'action de se promener et l'action de travailler ; ce qui constitue le *gérondif*, tems au reste peu élégant et peu usité.

(*Observation.*) Nous venons de définir et d'expliquer toutes les parties qui entrent dans la composition du verbe; l'élève peut donc les mettre de lui-même en fonction.

La langue française compte quatre conjugaisons. On les distingue par la terminaison du présent de l'infinitif.

La première a l'infinitif terminé en ER, *aimer*, *admirer*, etc.

La seconde a l'infinitif en IR , *finir*, *offrir*, etc.

La troisième a l'infinitif en OIR, *recevoir*, *apercevoir*, etc.

La quatrième a l'infinitif terminé en RE, *faire*, *lire*, *rendre*, *boire*, etc.

Les tableaux de ces quatre conjugaisons présentent un modèle, auquel tous les verbes correspondants doivent se conformer dans tous leurs modes et dans tous leurs tems.

Ces tableaux se trouvent dans notre *Grammaire élémentaire.* Nous croyons inutile de les placer dans cette Grammaire, destinée à un degré d'instruction que nous devons croire suffisamment exercé sur les conjugaisons.

VINGT-NEUVIÈME LEÇON.

Ces tableaux font voir le mécanisme qui, embrassant toutes les parties intégrantes des verbes, les met en exercice dans les fonctions auxquelles elles sont appelées. L'ensemble de ces tableaux met encore à même de remarquer comment les trois époques générales des tems ont été divisées et subdivisées, pour faciliter la précision du moment de telle et de telle action, en conservant le tems, et pour ainsi dire l'âge d'un événement sur l'autre.

Comment et d'où se forment ces tems divers ? C'est ce qui va nous occuper.

Nous avons distingué les tems des verbes en *tems simples* et en *tems composés*. Nous savons que les tems composés d'un verbe se forment de son participe passif, précédé d'un des tems convenables des auxiliaires *avoir* ou *être*, suivant la nature du verbe à conjuguer. Il ne s'agit donc ici que de la formation des tems simples.

On distingue les tems simples en *tems primitifs* et en *tems dérivés*.

Les tems primitifs ne sont formés d'aucun autre ; ils servent à la formation des tems dérivés ; ainsi les tems dérivés sont ceux qui tiennent leur existence des tems primitifs.

Il y a cinq tems primitifs ; nous les indiquons dans le tableau suivant :

TABLEAU DES TEMS PRIMITIFS DES VERBES RÉGULIERS.

CONJUGAIS.	PRÉSENT de l'infinitif.	PRÉSENT de l'indicatif.	PARFAIT défini.	PARTICIPE actif.	PARTICIPE passif.
1re Conjug.	Aimer.	J'aime.	J'aimai.	Aimant.	Aimé.
2e Conjug.	Finir.	Je finis.	Je finis.	Finissant.	Fini.
3e Conjug.	Prévoir.	Je prévois.	Je prévis.	Prévoyant.	Prévu.
4e Conjug.	Connaître	Je connais.	Je connus.	Connaissant.	Connu.

Ces cinq tems, seuls primitifs, indiquent que tous les autres tems simples, tels que l'*imparfait*, le *futur absolu*, le *conditionnel simple*, l'*impératif*, le *présent* et l'*imparfait* du subjonctif sont des tems dérivés.

Suivons ces tems dans leur formation.

PREMIÈRE RÈGLE. L'*imparfait de l'indicatif* se forme du participe actif, en changeant sa terminaison ANT en AIS : aimant, *j'aimais;* finissant, *je finissais;* prévoyant, *je prévoyais;* connaissant, *je connaissais.*

DEUXIÈME RÈGLE. Le *futur absolu* se forme du présent de l'infinitif, en changeant sa finale R ou RE en RAI : aimer, *j'aimerai;* finir, *je finirai;* prévoir, *je prévoirai;* connaître, *je connaîtrai.*

Nous mettons sous la même règle le *conditionnel présent*, dont la formation est la même, en ajoutant S à RAI : aimer, *j'aimerais;* finir, *je finirais*, etc.

TROISIÈME RÈGLE. L'*impératif* se forme de la première personne du présent de l'indicatif, en supprimant le pronom JE : j'aime, impératif *aime;* je finis, *finis;* je prévois, *prévois;* je connais, *connais.*

Il faut excepter de cette règle quelques verbes, comme le verbe *être*, qui fait *sois;* savoir, qui fait *sache;* aller, qui fait *va;* avoir, qui fait *aye;* etc.

QUATRIÈME RÈGLE. Le *présent du subjonctif* se forme du participe actif, en changeant la finale ANT en E muet : aimant, *que j'aime;* finissant, *que je finisse;* prévoyant, *que je prévoye;* connaissant, *que je connaisse.*

CINQUIEME RÈGLE. L'*imparfait du subjonctif* se forme du parfait défini, en changeant, pour la première conjugaison, la finale I en ASSE : j'aimai, *que j'aimasse;* et, pour les trois autres conjugaisons, en ajoutant SE au même parfait défini : je finis, *que je finisse;* je prévis, *que je prévisse;* je connus, *que je connusse.*

Pour éviter cette distinction de la première conjugaison et ne faire qu'une règle, ne serait-il pas aussi bien de dire que l'imparfait du subjonctif, dans les quatre conjugaisons, se forme de la seconde personne du parfait défini, en y ajoutant SE : tu aimas, *que j'aimasse;* tu connus, *que je connusse;* etc.?

Quelques verbes se refusent à ces règles générales pour un ou pour plusieurs de leurs tems dérivés. Ces verbes sont appelés *irréguliers,* par opposition aux verbes *réguliers* qui se conforment à ces règles; de là, la distinction de verbes *réguliers* et de verbes *irréguliers.*

Les verbes *réguliers* sont ceux qui reçoivent des tems primitifs la formation exacte de tous leurs tems simples.

Les verbes *irréguliers* sont ceux qui refusent de recevoir des tems primitifs la formation de tous leurs tems simples.

Comment connaît-on si un verbe est régulier ou irrégulier?

Il faut l'éprouver sur la formation de ses tems simples, et voir si tous la reçoivent des tems primitifs. S'ils la reçoivent, concluez que ce verbe est régulier; s'ils la refusent, dites qu'il est irrégulier.

Confirmons cette règle par quelques essais, d'autant plus importants à mettre sous les yeux, que beaucoup quittent leurs études sans connaître en quoi consiste la régularité ou l'irrégularité d'un verbe.

1°. Dans la première conjugaison, prenons le verbe *approuver*.

L'imparfait se forme du participe actif, en changeant ANT en AIS : approuvant, *j'approuvais*.

Le futur, en ajoutant AI à l'infinitif, *j'approuverai*; le conditionnel, en y ajoutant AIS, *j'approuverais*.

L'impératif, de la première personne du présent de l'indicatif, en supprimant *je*, j'approuve, *approuve*.

Le présent du subjonctif se forme du participe actif, en changeant ANT en E muet, approuvant, que *j'approuve*.

L'imparfait, du parfait défini, en changeant AI en ASSE, j'approuvai, que *j'approuvasse*.

Concluons que cette épreuve, régulièrement subie par le verbe *approuver*, le place avec raison au nombre des verbes réguliers.

Soumettons à la même épreuve le verbe *aller*, également de la première conjugaison. D'abord le présent *je vais*, temps primitif comparé avec l'infinitif *aller*, n'a pas cette ressemblance que les verbes *j'aime*, *je finis*, *je vois*, ont avec leur infinitif *aimer*, *finir*, *voir*.

L'irrégularité du verbe *aller* est plus manifeste encore dans le futur et dans le conditionnel. Suivant la règle qui les forme de l'infinitif, ces deux tems devraient faire : *j'allerai*, *j'allerais*; on dit *j'irai* et *j'irais*.

Le présent du subjonctif, conformément au participe *allant*, devrait faire que *j'alle*; on dit que *j'aille*; donc le verbe *aller* est complétement *irrégulier*.

Éprouvons un verbe pris dans les autres conjugaisons; *courir* de la seconde : son irrégularité commence à son futur qui, par l'infinitif, en y ajoutant AI, devrait faire, je *courirai*; on dit : *je courrai*.

Pouvoir, de la troisième, donne *je peux*, *nous pouvons*, *vous pouvez*, *ils peuvent*, et non pas ils *pouvent*; première irrégularité. Par l'infinitif, le futur devrait être : je *pouvoirai*, il fait, *je pourrai*; seconde irrégularité. Une troisième se trouve dans le subjonctif qui, par le participe *pouvant*, devrait faire que je *pouve*; il fait que *je puisse*. Donc *pouvoir* est *irrégulier*.

Dans la quatrième conjugaison, *boire* perd sa régularité dans quelques personnes, mais notamment au présent du subjonctif qui, se formant du participe actif *buvant*, devrait faire *que je buve*; on dit *que je boive*; il en est de même du composé *reboire*.

TRENTIÈME LEÇON.

En soumettant tous les verbes à cette épreuve, nous obtiendrions facilement un tableau distinctif des *réguliers* et des *irréguliers*. Nous nous bornerons à citer ici ceux qui se présentent le plus à l'usage, et qui par leur irrégularité sont plus sujets à l'erreur.

PREMIÈRE CONJUGAISON.

Le verbe *aller* est celui, ainsi que nous l'avons déjà vu, qui présente le plus d'irrégularités dans ses personnes et dans ses tems. Le présent de l'indicatif compte quatre personnes irrégulières; *je vais*, *tu vas*, *il va*, *ils vont*. Le futur et le conditionnel, *j'irai*, *j'irais;* l'impératif *va*, et le subjonctif *que j'aille*, quatre tems qui constituent ce verbe parmi les irréguliers.

Cette conjugaison, sauf quelques verbes dont l'orthographe varie dans quelques tems, présente très-peu de verbes complétement irréguliers.

SECONDE CONJUGAISON.

Acquérir, *ils acquièrent*; *j'acquerrai*, *j'acquerrais;* que *j'acquierre*, qu'ils *acquièrent*, autant d'irrégularités en comparant ces tems avec leurs primitifs. De même *conquérir*.

Courir, nous en avons déjà parlé. Ses dérivés *accourir*, *concourir*, *parcourir*, suivent ses irrégularités.

Cueillir, *mourir*, de même que *courir*, perdent leur irrégularité par le futur; je *cueillerai*, je *mourrai;* ce dernier est de plus irrégulier par le subjonctif *que je meure*, qui ne tient rien de son primitif *mourant*.

Ouir, parfait défini, *j'ouïs*, imparfait du subjonctif, *que j'ouïsse;* on dit : *J'ai ouï*, *j'avais ouï*, suivi d'un infinitif, *j'ai ouï dire*, *j'avais ouï parler*.....

Les autres tems inusités. (Verbe défectueux.) — *Quérir*, irrégulier, usité seulement à l'infinitif après un des verbes, *aller, envoyer, venir*.

Saillir, irrégulier et défectueux, n'a que les troisièmes personnes dans tous les tems; parfait défini, *il saillit;* imparfait du subjonctif, *qu'il saillît.*

Son composé *assaillir*, irrégulier et défectueux, n'est pas usité aux trois personnes du singulier du présent de l'indicatif; mais *tressaillir* a tous ses tems et toutes ses personnes.

Tenir et *venir* perdent la régularité à la troisième personne du pluriel du présent de l'indicatif; on dit : ils *tiennent*, ils *viennent;* au futur et au conditionnel, je *tiendrai*, je *viendrai*, tout-à-fait étrangers aux primitifs, *tenir, venir;* au subjonctif, que *je vienne*, que *je tienne*, sans aucun rapport avec les primitifs, *tenant, venant.*

De même les composés *convenir, contrevenir, disconvenir.*

TROISIÈME CONJUGAISON.

Choir, irrégulier et défectueux, n'a d'usité que le participe *chu.*

Déchoir, je *déchois*, nous *déchoyons*, vous *déchoyez*, ils *déchoient;* on dit aussi nous *déchéons*, ils *déchéent*, je *décherrai;* point d'imparfait ni de participe actif.

Échoir a au contraire le participe actif *échéant*, sans pouvoir former l'imparfait; *il échet*, seule personne usitée au présent de l'indicatif; on dit : *J'échus, j'écherrai, j'écherrais.*

S'asseoir, un des verbes difficiles à conjuguer : je *m'assieds*, tu *t'assieds*, il *s'assied*, nous nous *asseyons*, vous vous *asseyez*, ils *s'asseyent*. Participe actif : *asseyant;* imparfait, je *m'asseyais*,

ils *s'asseyaient*; parfait défini, je *m'assis*, je *m'as-
seierai*, ou je *m'assierai*. Imparfait du subjonctif, que je *m'assisse*, que tu *t'assisses*, qu'il *s'as-
sît*; le pluriel n'a que la troisième personne,
qu'ils *s'assissent*.

Voir perd sa régularité au futur; je *verrai*, et
non *je voirai*; au parfait défini, *je vis*, *que je
visse*. De même son composé *prévoir*.

Pourvoir, bien différent, fait *je pourvus*, *que
ie pourvusse*, *je pourvoirai*, *je pourvoirais*, etc.

Mouvoir a plusieurs irrégularités dans ses personnes et dans ses tems; la première des tems
date du futur, je *mouvrai*, que je *meuve*, l'un et
l'autre bien différents de leurs primitifs *mouvoir* et *mouvant*.

Savoir, des plus irréguliers dans ses personnes
et dans ses tems; *nous savons*, nul rapport avec
je *sais*; je *savais*, je *saurai*, je *saurais*, *sache*,
quatre tems entièrement étrangers à leurs primitifs; *sachant*, pour la formation de l'imparfait;
savoir, pour le futur et pour le conditionnel; je
sais pour l'impératif qui fait *sache*.

Valoir a, de plus que le précédent, l'irrégularité du présent du subjonctif, que je *vaille*,
que tu *vailles*, étrangers au primitif *valant*;
l'impératif n'est point usité.

Prévaloir ne varie du précédent que par le
subjonctif : que je *prévale*, dérivé de *prévalant*;
de même *équivaloir*.

Vouloir, plein d'irrégularités, et de plus l'impératif non usité.

QUATRIÈME CONJUGAISON.

Faire perd la régularité au futur, au conditionnel et au présent du subjonctif; je *ferai*, je

ferais; que je *fasse,* bien loin du participe *faisant.*

Traire, point de parfait défini, et par conséquent il n'a point son dérivé, l'imparfait du subjonctif. *Paître* et *repaître* partagent la même irrégularité.

Dire, irrégulier par sa seconde personne du pluriel, vous *dites.*

Redire, de même, par vous *redites.*

Mais les autres composés, tels que *contredire, dédire, interdire, médire, prédire,* font : vous *contredisez,* vous *dédisez,* vous *interdisez,* vous *médisez,* vous *prédisez.* (Attention à cette particularité trop peu observée.)

Moudre, je *mouds,* nous *moulons.*

Absoudre, j'*absous,* nous *absolvons; absolvais,* j'*absolvais,* que j'*absolve,* sans parfait défini, et conséquemment sans imparfait du subjonctif; au participe passif, *absous, absoute.*

Dissoudre, même conjugaison, même irrégularité.

Résoudre (signifiant décidé à), participe passif, *résolu;* participe actif, *résolvant;* que je *résolve;* je *résolus,* que je *résolusse.*

Résoudre (signifiant réduit à), fait au participe passif *résous.*

Clore, je *clos,* tu *clos,* il *clôt,* sans pluriel; je *clorai,* je *clorais,* j'*ai clos,* j'*avais clos;* défectueux par les autres tems.

De même les composés *enclore, renclore.*

Éclore n'a que les troisièmes personnes, tant au singulier qu'au pluriel; n'a ni parfait défini, ni son dérivé, l'imparfait du subjonctif.

Vaincre s'écrit au présent de l'indicatif, je *vaincs,* tu *vaincs,* il *vainc;* au pluriel le C se change en *qu*, nous *vainquons*, vous *vainquez*, ils *vainquent*.

Ce changement s'opère également avant les voyelles a, e, i, o, je *vainquais*, je *vainquis*, je *vainquerai*, que je *vainque*, que nous *vainquissions*.

La seconde personne de l'impératif, *vainc*, n'est point usitée.

TRENTE-UNIÈME LEÇON.

Observations sur l'Orthographe de différents Tems et de différentes Personnes dans les quatre Conjugaisons.

PREMIÈRE CONJUGAISON.

Mode indicatif.

PREMIÈRE RÈGLE. La première et la troisième personne du présent de l'indicatif, dans les verbes de la première conjugaison, terminent par un E muet, et la seconde personne par une S ; j'*étudie*, tu *étudies*, il *étudie*. La première personne du pluriel termine par *ons*, nous *étudions* ; la seconde personne par *ez*, vous *étudiez*, et non pas, vous *étudiés*, comme cela arrive trop fréquemment sous la plume de l'ignorance ; la troisième personne par ENT, ils *étudient*.

Les verbes qui ont deux E à l'infinitif, comme *créer*, les conservent au présent ; je *crée*, tu *crées*, il *crée* ; au participe féminin, *créée*.

Deuxième règle. A l'imparfait de l'indicatif, le pluriel fait : nous *aimions*, nous *chantions ;* mais les verbes dont le participe fait IANT, comme *étudier*, *prier*, etc., prennent deux I à la première et à la seconde personne du pluriel de l'imparfait ; nous *étudiions*, vous *étudiiez*, nous *priions*, vous *priiez*.

Troisième règle. A l'imparfait de l'indicatif, les verbes qui ont leur participe actif en YANT, comme *employer*, *appuyer*, *nétoyer*, prennent un I après l'Y, à la première et à la seconde personne du pluriel : nous *employions*, vous *employiez* ; nous *appuyions*, vous *appuyiez*.

Quatrième règle. Les verbes dont le participe actif termine en UANT, comme *attribuant*, *contribuant*, etc., prennent un tréma sur l'I de la première et de la seconde personne du pluriel de l'imparfait : nous *attribuïons*, vous *attribuïez*, nous *distribuïons*, etc.

Cinquième règle. Le parfait défini, dans cette conjugaison, termine ses trois personnes du singulier par AI, AS, A ; parfait défini, j'*étudiai*, tu *étudias*, il *étudia*. Nous verrons à l'imparfait du subjonctif, comment il faut y distinguer la troisième personne du singulier, de la troisième personne dans le parfait défini ; l'une et l'autre ayant la même terminaison, du moins quant à la prononciation.

Au parfait défini, ayez l'attention de mettre un accent circonflexe sur l'A des deux personnes du pluriel ; nous *étudiâmes*, vous *étudiâtes*, et un accent grave sur l'E de la troisième personne, ils *étudièrent*.

Sixième règle. Le futur absolu de l'indicatif termine ses personnes du singulier par AI, AS, A; j'*étudierai*, tu *étudieras*, il *étudiera*. Prenez garde d'ajouter à la première personne une S; elle confondrait le futur avec le conditionnel simple.

Les verbes en EER, comme *créer*, conservent deux E au futur; je *créerai*.

Les verbes dont l'infinitif est en IER, comme *étudier*, *prier*, conservent l'E devant l'R; j'*étudierai*, tu *prieras*, nous *étudierons*, etc.

Mode conditionnel.

Règle. Les deux tems du conditionnel; prenez garde d'omettre la lettre S, finale des conditionnels, dans j'*étudierais* et dans l'auxiliaire j'*aurais étudié*; sans cette S, caractéristique de ces deux tems, ils se confondraient avec les futurs j'*étudierai*, et j'*aurai étudié*, ce qui n'est que trop fréquent.

Au conditionnel simple, les verbes en IER conservent, comme au futur, l'E avant l'R; j'*étudierais*, je *prierais*.

Mode impératif.

L'impératif n'a point de première personne; on ne se commande pas à soi-même; s'il arrive quelquefois que mentalement on s'impose tel devoir, on a recours ordinairement à la seconde personne; on se dit à soi-même: *Fais ton devoir; ne te livre pas tant au jeu; remplis tes engagements; sois fidèle à ta parole; sois probe et honnête.*

Première règle. Nous avons vu que cette seconde personne de l'impératif se formait de la première personne du présent de l'indicatif, en supprimant le pronom *je*. Cependant, combien ont la mauvaise habitude de rapprocher ces deux expressions : seconde personne du présent de l'indicatif, seconde personne de l'impératif! Il suit de ce faux rapprochement, que l'on donne à la seconde personne de l'impératif, la lettre S qui distingue la seconde de l'indicatif. Évitez cette faute particulièrement sensible dans la première conjugaison, la seule qui ne prenne point l'S à la première personne de l'indicatif : *j'étudie, je loue, je blâme, je crie;* à l'impératif, *étudie, loue, blâme, crie.*

Deuxième règle. Nous avons vu que, pour éviter la dureté de la rencontre de deux voyelles, comme dans cet exemple : *Votre frère a-t-il récité?* on emprunte T pour faire *a-t-il.....* De même, dans le cas où un verbe, à la seconde personne de l'impératif, terminant par un E muet, serait suivi des pronoms relatifs EN et Y, on intercale l'S entre les voyelles, et l'on dit : Si tu trouves ces fruits mûrs, *cueille-s-en,* et *apporte-s-en*-moi.

Il en est de même pour l'impératif irrégulier du verbe *aller;* il s'écrit sans S, *va;* mais, dans les cas suivants on dit et on écrit : *va-s-y, va-s-en* cueillir. Notre avis est qu'il est préférable d'avoir recours ici à une addition de lettre, justifiée par des exemples pareils, plutôt que de livrer à l'arbitraire l'S à l'impératif, contre une règle déjà assez fréquemment violée.

Mode subjonctif.

Première règle. La première et la troisième

personne du *présent* terminent par un E muet, et la seconde personne par ES, que *j'étudie*, que *tu blâmes*, qu'*il loue*.

Le pluriel du subjonctif diffère du pluriel du présent de l'indicatif, en prenant un I, à la première et à la seconde personne : que *nous aimions*, que *nous blâmions*, que *vous blâmiez*, etc.

Les verbes dont le participe actif fait YANT, comme *employant*, ou UANT, comme *attribuant*, prennent aux deux personnes du pluriel du présent du subjonctif, les uns un I, après l'Y, et les autres un tréma sur l'I qui suit l'U. Exemples : Que nous *employions*, que vous *appuyiez*..... que nous *distribuïons*, que vous *attribuïez*..... *Créer* fait que *je crée*, que *tu crées*, que *nous créeions*.

DEUXIÈME RÈGLE. L'*imparfait du subjonctif* termine par l'E muet sa formation en ASSE, à la première personne du singulier, que j'étudi*asse* ; la seconde personne ajoute un S, que tu étudi*asses* ; la troisième termine par AT, avec un accent circonflexe, qu'il étudi*ât*.

La prononciation de cette troisième personne, la même que la prononciation de la troisième personne du parfait défini, fait que souvent on confond ces deux tems. Pour les distinguer, il faut les essayer, 1°. par la première personne du pluriel, *nous étudiâmes*, pour le parfait défini ; 2°. par *nous étudiassions*, pour l'imparfait du subjonctif. Le sens qui résultera de cet essai, déterminera cette distinction. Exemple : Cet élève *aima* ses devoirs et les *remplit*, tant qu'il *écouta* les conseils de son père. Si je remplace les troisièmes personnes il *aima*, il *remplit*, il *écouta*, par la première personne du pluriel, j'aurai : Nous *aimâmes* nos devoirs et nous les *remplîmes*, tant que nous *écoutâmes*, etc. Cette nouvelle phrase, quoiqu'au pluriel, nous rend parfaitement le sens des prétérits définis, employés dans la première phrase.

Nous sommes loin d'obtenir le même résultat avec la première personne du pluriel de l'imparfait : Nous *aimassions* nos devoirs et nous les *remplissions* tant que nous *écoutassions* les conseils, etc. ; phrase absurde qui confirme la validité du moyen proposé pour arriver à la distinction de ces deux tems et de ces deux personnes.

(*Observations.*) 1°. Les verbes *jeter*, *appeler*, *niveler* et autres pareils, doublent les consonnes T et L devant l'E muet ; ils n'en conservent qu'une devant l'E fermé et devant les voyelles A, O dans certains tems, pour lesquels on emploie indifféremment l'une ou l'autre de ces deux voyelles ; ainsi on écrira : J'appe*lle*, nous appe*lons* ; j'ai appe*lé*, j'appe*lai*. Je *jette*, nous *jetons*, j'ai *jeté*, je *jetai*, *jetant* ; de même *projeter*.

Je *nivelle*, nous *nivelons*, j'ai *nivelé*, je *nivelai*, *nivelant*.

2°. Les verbes dont l'infinitif termine en GER, comme *avantager*, *assiéger*, *juger*, *partager*, etc. conservent toujours un E devant les voyelles A et O dans certaines personnes et à certains tems. Cet E donne au G le son de l'I consonne, et adoucit le son dur du G devant certaines voyelles. Ainsi on dira : *J'avantageai* les villes que nous *assiégeâmes* ; déjà les soldats s'en *par-*

tageaient le butin; l'humanité du géneral arrêta ce désordre, et *jugea* cette indemnité convenable.

3°. Dans les verbes dont l'infinitif termine en CER, comme *annoncer, menacer, prononcer,* etc., le C, placé dans certains tems, devant les voyelles A, O, doit, pour éviter la dureté du K, prendre la cédille. Prononcez et écrivez : Je menaçais, je menaçai; annonçant, j'annonçai, que j'annonçasse, etc.

TRENTE-DEUXIÈME LEÇON.

SECONDE CONJUGAISON.

PREMIÈRE RÈGLE. Les verbes qui conservent au présent de l'indicatif la lettre I, caractéristique de cette conjugaison, prennent l'S finale dans les deux premières personnes, je *finis,* tu *finis ;* la troisième termine par un T, il *finit.*

Les verbes qui, comme *offrir, ouvrir,* terminent par un E muet, j'*offre,* j'*ouvre,* tu *ouvres,* se conforment à ce que nous avons dit pour le présent de la première conjugaison.

Les verbes comme *tenir, se repentir,* prennent l'S aux deux premières personnes, et le T à la troisième : Je *tiens,* il *se repent.* L'imparfait n'a rien de particulier.

DEUXIÈME RÈGLE. Le *parfait défini* fait : je *finis,* tu *finis,* il *finit ;* nous *finîmes,* vous *finîtes,* ils *finirent ;* de même *offrir* et *ouvrir ;* mais *tenir* fait : je *tins,* tu *tins,* il *tint ;* nous *tinmes,* vous *tintes*, ils *tinrent*. De même les composés, *ob-tenir*, *retenir*, etc.

Repentir, rentre ici dans l'ordre de cette conjugáison : je me *repentis*, il se *repentit*; nous nous *repentîmes*, vous vous *repentîtes*, ils se *repentirent*. Ayez l'attention de mettre un accent circonflexe sur l'I de la première et de la seconde personne du pluriel du *parfait défini*.

TROISIÈME RÈGLE. Le futur et les autres tems simples ne présentent aucun cas particulier, sauf l'irrégularité que nous avons déjà indiquée pour certains verbes, tels que *acquérir*, *cueillir*, *mourir*, *tenir*, etc., qui font au futur et au conditionnel, j'*acquerrai*, je *cueillerai*, je *mourrai*, je *tiendrai*; j'*acquerrais*, je *cueillerais*, je *mourrais*, etc., et non j'*acquerrerai*, je *mourrerais*, fautes graves.

(*Observations.*) 1°. Le verbe *bénir* a deux participes passifs, *bénit*, *bénite*; *béni*, *bénie*.

Le premier, *bénit-bénite*, se dit des objets consacrés par les prières et par les bénédictions de l'Église, comme : La chapelle de Sainte-Barbe a été *bénite* en 1807; le jour de Pâques, ses élèves ont présenté à leur paroisse le pain *bénit*.

Béni-bénie se disent des personnes favorisées de Dieu et signalées par l'éminence de quelques bienfaits surnaturels; ainsi voyons-nous ce participe employé dans la prière à la sainte Vierge : *Vous êtes* BÉNIE *entre toutes les femmes.*

2°. *Fleurir*, suivant la signification qu'on lui donne, varie à l'imparfait de l'indicatif et au participe actif; on dit, en parlant des sciences, des arts et des empires, *florissait* et *florissant.*

Sous Louis XIV les arts *florissaient*; l'industrie est *florissante* en France.

Quand on parle des plantes qui sont en fleurs, on conserve *fleurissant*, *fleurissait*.

3°. *Haïr*, se prononce en une seule syllabe, au singulier du présent de l'indicatif et à la seconde personne du singulier de l'impératif; *je hais*, *tu hais*, *il hait*; à l'impératif, *hais* la paresse et fuis l'oisiveté. Dans tous les autres tems, on met un tréma sur l'Ï, pour avertir qu'il faut le prononcer séparément de l'A, et dire : nous ha-ïssons, etc.

TROISIÈME CONJUGAISON.

Cette conjugaison ne présente aucune règle qui lui soit particulière; nous observerons la nécessité d'adoucir le C par une cédille, devant les voyelles O et U qui, dans cette conjugaison, se rencontrent fréquemment après cette consonne, comme : *J'aperçois*, je *conçois*, que je *reçoive*, je *reçus*, que je *reçusse*, etc.

Cette conjugaison offre pour les tems dérivés de plusieurs verbes, beaucoup d'irrégularités qu'il est bon de consulter, page 113.

Plusieurs verbes prennent aux deux premières personnes du présent de l'indicatif une X au lieu d'une S, *mouvoir*, *pouvoir*, *valoir*, *vouloir*, etc. *Je meux*, *je peux*, *je vaux*, *je veux*, etc.

QUATRIÈME CONJUGAISON.

Cette conjugaison, dans plusieurs de ses verbes, est soumise à beaucoup d'irrégularités, ainsi que nous l'avons fait voir, page 114.

PREMIÈRE RÈGLE. Une difficulté se présente

pour les verbes dont l'infinitif termine en *dre*, comme : *défendre, prendre, coudre, peindre, joindre*. Quand doit-on écrire le présent de l'indicatif par DS, D, ou par S, T? La règle se tire de la finale du participe passif; s'il termine par la consonne T, comme dans *joint* et *peint*, participes de *joindre* et de *peindre*, le présent de l'indicatif prendra S aux deux premières personnes, et T à la troisième; *je peins, tu peins, il peint; je joins, tu joins, il joint.*

Si le participe passif termine par toute autre finale que la lettre T, le présent prendra DS, aux deux premières personnes, et D seulement à la troisième; je défen*ds*, tu pren*ds*, je cou*ds*, tu cou*ds*, il cou*d*, etc.

DEUXIÈME RÈGLE. Une faute se représente souvent dans la manière d'écrire le futur et le conditionnel. Dans plusieurs verbes de cette conjugaison, quelques plumes peu exercées écrivent : Je défen*derai*, je ven*derai*, je pren*derai*, je cou*derai*, etc. Une règle générale ne permet qu'à la seule première conjugaison la voyelle E avant *rai* ou *rais*, au futur et au conditionnel : j'aime*rai*, je loue*rai*, j'approuve*rai*, j'approuve*rais*; ainsi on doit écrire : Je défen*drai*, tu pren*dras*, il cou*dra*; je ven*drais*, je cou*drais*, etc.

CONJUGAISONS DES VERBES PASSIFS, NEUTRES, PRONOMINAUX ET IMPERSONNELS.

1°. Le verbe *passif* se conjugue à tous ses tems avec l'auxiliaire *être*, auquel on ajoute le participe passif du verbe que l'on veut conjuguer. Voyez le tableau de cette conjugaison; *Grammaire élémentaire.*

2°. La conjugaison des verbes *neutres*, pour quelques-uns, ne diffère des conjugaisons actives que dans les tems composés ; les uns réclament l'auxiliaire *être*, les autres, l'auxiliaire *avoir* ; nous apprendrons à les distinguer. Quant aux tems simples, ils suivent la conjugaison modèle à laquelle ils appartiennent.

3°. La conjugaison des tems simples, dans les verbes *pronominaux*, ne diffère point de celle des autres verbes. Les tems composés empruntent le verbe *être* qui, analytiquement, ainsi que nous l'avons vu, reçoit la signification du verbe *avoir*.

4°. La conjugaison des verbes *impersonnels* se borne à la troisième personne dans chaque tems. Ces verbes se conforment à la conjugaison que leur assigne la terminaison de leur infinitif.

TRENTE-TROISIÈME LEÇON.

DES PARTICIPES.

Les différentes conjugaisons nous ont signalé deux participes ; le participe *actif* et le participe *passif*.

Avant d'entrer dans les règles qui les concernent, l'élève se reportera aux explications que nous avons données, en abordant les leçons du verbe, sur les parties ordinairement associées avec lui, savoir : le *sujet*, le *complément primaire* ou *direct*, le *complément secondaire* ou *indirect*.

Dans toutes les conjugaisons, le participe *actif* termine en *ant ; aimant, finissant, recevant, lisant,* etc.

Le participe *passif* se présente sous diverses terminaisons ; elles varient jusque dans les mêmes conjugaisons. Nous citerons quelques-uns de ces participes.

Auxiliaires,   { *Avoir*,   Eu.
                   { *Être*,   Été.

Première conjugaison   *Aimé, employé, étudié, allé* ou *été.*

Seconde conjugaison ,   *Fini, offert, tenu, béni, bénit.*

Troisième conjugaison,   *Reçu, dû, assis, déchu.*

Quatrième conjugaison,   *Absous, contraint, feint, pris, rendu, joint, fait, dit, clos, né, détruit, transmis, suffi, vaincu,* etc.

Du Participe actif.

Le participe *actif* a eu aussi ses révolutions ; quelques anciens écrivains, à l'imitation des latins, l'ont fait déclinable, sous le double rapport du genre et du nombre. Des auteurs plus modernes l'ont conservé déclinable sous le rapport du nombre seulement.

La règle la plus généralement suivie aujourd'hui le fait totalement indéclinable, quand il tient de la nature du verbe et qu'il en conserve la faculté d'avoir sous sa dépendance un complément quelconque.

Première règle. Cette faculté du participe nous amène à rappeler la définition du participe, ainsi nommé parce qu'il participe tantôt de la nature du verbe, tantôt de la nature de l'adjectif. Comme participant de l'adjectif, le participe *actif* exprime une qualité; ainsi il est qualificatif, il est donc déclinable. Une femme *obligeante*, des femmes *charmantes*, des enfants *caressants*.

Deuxième règle. Comme participant du verbe, le participe exprime une action sur un objet qui en complète le sens; alors, verbe lui-même, avec un complément exprimé ou sous-entendu, il n'est pas susceptible de la déclinabilité réservée au seul participe tenant de l'adjectif.

Pour mieux apprécier ces deux rapports différents, sous lesquels le participe peut être employé, prenons des exemples dans lesquels chacun figurera avec le sens qui lui est propre. Nous avons entendu vos demoiselles *lisant* parfaitement leur musique et *l'exécutant* très-bien; du reste, ces demoiselles nous ont paru *charmantes* dans leur tenue et par leur modestie. Cet exemple nous présente trois participes : *lisant*, *exécutant*, indéclinables; *charmantes*, au contraire, déclinable. Pourquoi cette différence? parce que ce dernier marque une qualité morale et constante propre au caractère de ces demoiselles; tandis que les deux premiers indiquent de leur part une action momentanée et passagère, action d'autant mieux caractérisée encore, qu'elle agit sur un complément, *musique*; donc l'un et l'autre tiennent du verbe; donc incapables tous les deux de prendre l'accord des adjectifs.

Autre exemple : Madame votre mère est toujours *obligeante*; partout on la rencontre *secourant* l'indigence, *consolant* le malheur, *obligeant* tout ce qui s'adresse à elle. Ici, *secourant*, *consolant*, participes tenant du verbe, chacun avec un complément; donc tous les deux indéclinables. Mais nous avons comme en regard dans le même exemple, *obligeante* et *obligeant*; l'un et l'autre dérivent du verbe obliger; l'un et l'autre en sont participes actifs; pourquoi le premier déclinable? pourquoi le second indéclinable? le premier est ici adjectif *verbal* (comme dérivant d'un verbe), exprimant une qualité morale, une vertu intrinsèque et habituelle.

Le dernier, au contraire, exprime une action de circonstance et passagère; en effet, qui que ce soit peut, par occasion, obliger un homme dans la peine, sans pour cela avoir cette vertu en partage, et inhérente à son caractère. De plus, le dernier *obligeant* participe essentiellement du verbe; comme lui, il agit sur un complément; donc *indéclinable*.

TRENTE-QUATRIÈME LEÇON.

Du Participe passif.

Il y a en général trois manières d'employer le participe *passif* :

1°. Ajouté à un nom sans aucun auxiliaire ;

2°. Joint à un nom ou à un pronom par l'auxiliaire *être* ;

3°. Précédé de l'auxiliaire *avoir*.

PREMIÈRE RÈGLE. 1°. Si le participe *passif* est ajouté à un nom sans auxiliaire, il est simple adjectif *verbal*, (comme dérivant d'un verbe) ; il imprime une qualité au nom, il doit donc suivre la règle d'accord imposée à tout qualificatif. La leçon *apprise* ; les leçons *récitées*.

DEUXIÈME RÈGLE. Si le participe *passif* est joint à un nom ou à un pronom par le verbe *être*, ce participe, comme dans la règle précédente, est encore adjectif ; il imprime au sujet une qualité, et comme qualificatif, il s'accorde avec lui ; exemples : La leçon est *apprise*, les leçons sont *récitées* ; dans les deux exemples, le verbe *être* n'ajoute et ne retranche rien aux exemples de la règle précédente, la leçon *apprise*, les leçons *récitées* ; donc ces deux circonstances du participe sont les mêmes ; donc elles se soumettront à la même règle de l'accord.

TROISIÈME RÈGLE. Si le participe *passif* est construit avec *avoir*, il a la nature du verbe ; il en exprime l'action et il en forme les tems composés ; alors tout-à-fait étranger à la nature de l'adjectif, il est *indéclinable*. Exemples : Ma sœur a *chanté*, mes sœurs ont *chanté;* ma tante a *écrit*, mes tantes ont *écrit*.

QUATRIÈME RÈGLE. Cependant il est un cas où, par imitation de quelques latins, le participe *passif*, même précédé de l'auxiliaire *avoir*, est considéré comme adjectif, et reçoit la déclinabilité du complément direct *seul*, encore à cette condition, que ce complément sera *placé devant le participe*, et qu'il lui appartiendra *exclusivement;* car nous avons des cas où ce complément, ainsi placé devant le participe, lui est tout-à-fait étranger. Voyez le TABLEAU, *le cinquième cas, deuxième circonstance.*

La faculté que le complément direct a seul de rendre déclinable le participe, ainsi combiné avec *avoir*, est particularisée dans les quatre principes que nous avons établis et proposés avec succès à nos élèves; nous les plaçons à la tête des tableaux suivants, pour en faciliter l'application à chaque cas des participes.

De leur côté, ces différents cas de l'emploi des participes passifs, placés, pour ainsi dire, en regard les uns des autres, se prêteront plus facilement à cette comparaison qui, en tout, aide et dispose l'intelligence.

34ᶜ LEÇON.　　PARTICIPES PASSIFS,

PREMIER PRINCIPE.

Le sujet ne décline point le Participe avec *Avoir*.

DEUXIÈME PRINCIPE.

Le complément indirect n'a aucune action sur Participe.

DIVERS CAS DE L'EMPLOI DU PARTICIPE.	EXEMPLES.	DÉCLINABI OU INDÉCLINABII
PREMIER CAS. Participe passif avec *avoir*, accompagné seulem'. d'un sujet.	Ma sœur *a écrit*. Mes sœurs *ont* *écrit*.	Indéclinabl
DEUXIÈME CAS. Participe suivi d'un complément indirect ou secondaire.	Ma sœur *a écrit* à ma mère ; elle ne lui a pas encore *répondu*.	Indéclinabl
TROISIÈME CAS. Participe avec un complément direct, placé après lui.	Ma sœur *a écrit* *une lettre* à ma mère.	Indéclinabl

PRÉCÉDÉS DE L'AUXILIAIRE *AVOIR*.

TROISIÈME PRINCIPE.

Le complément direct, placé après le Participe, n'a aucune action sur lui.

QUATRIÈME PRINCIPE.

Le complément direct, placé avant le Participe, le décline.

RÈGLES.

Dans ces exemples, le participe, précédé de l'auxiliaire *avoir*, n'est accompagné que du sujet ; donc indéclinable par le premier principe.

Ici, s'applique le second principe, d'après lequel le complément indirect, quelle que soit sa place, n'a jamais d'action sur le participe.

Par le troisième principe, qui veut indéclinable le participe suivi de son complément direct.

34ᵉ LEÇON.   PARTICIPES PASSIFS,

DIVERS CAS DE L'EMPLOI DU PARTICIPE.	EXEMPLES.	DÉCLINABLE OU INDÉCLINABLE.
	Quelle leçon avez-vous apprise? *L'avez - vous* bien *récitée?*	Déclinable.
QUATRIÈME CAS. Participe avec com-plément direct, placé avant lui.		
	Cette femme est la plus savante que j'aye *con-nues.*	Déclinable.

PRÉCÉDÉS DE L'AUXILIAIRE *AVOIR*.

RÈGLES.

Le quatrième principe trouve ici son application par la place qu'occupent dans ces deux exemples les complémens directs, *leçon* et son pronom *la*, dans : *Quelle leçon avez-vous apprise? La avez-vous récitée?* L'un et l'autre, placés avant les participes, leur imposent leur genre et leur nombre.

(*Observation.*) Le complément direct est quelquefois exprimé par un nom, comme dans cet exemple interrogatif : *Quelle leçon* avez-vous apprise? Mais le plus souvent, il est exprimé par les pronoms *me*, *te*, *se*, *que*, *le*, *la*, *les*, ainsi qu'on le trouve dans le second exemple, *l'avez*-vous bien récitée? pour, avez-vous bien récité *elle?*

Cet exemple elliptique veut une explication particulière; pour bien lui appliquer le quatrième principe, il faut, par l'analyse, rendre à cette phrase tous les mots sous-entendus; nous aurons : *Cette femme est la plus savante de toutes les femmes que j'aye connues* (ainsi que le fait Lhomond, sur cet exemple : *Cet homme est le plus savant que je connaisse.* Syntaxe, page 205). Alors le *que* relatif, retrouvant son véritable antécédent dans le nom *femmes*, en reçoit le pluriel-féminin, qu'il impose à son tour au participe *connues*, dont il est complément direct, placé devant lui.

Ainsi, doivent se soumettre au quatrième principe, toutes les phrases elliptiques de cette nature.

34ᵉ LEÇON.   PARTICIPES PASSIFS,

DIVERS CAS DE L'EMPLOI DU PARTICIPE.	EXEMPLES.	DÉCLINABL OU INDÉCLINABL
	1ʳᵉ *Circonstance.* Les demoiselles que j'ai *entendues* chanter avec leur maman.	Déclinabl dans cette cir constance.
CINQUIÈME CAS. Participe précédé du complément direct et suivi d'un autre verbe à l'infinitif. Deux circonstances.	2ᵉ *Circonstance.* Les demoiselles que j'ai *vu* ré- compenser par leur maman.	Indéclinabl dans cette se conde circon stance.

PRÉCÉDÉS DE L'AUXILIAIRE *AVOIR*.

RÈGLES.

Ce cinquième cas présente deux circonstances : ou le complément direct qui précède le participe est sous sa dépendance, ou ce complément appartient à l'infinitif. La difficulté consiste donc à distinguer auquel des deux, ou du participe ou de l'infinitif, appartient ce complément. Pour obtenir cette distinction, voyez : 1°. si vous pouvez placer l'antécédent du *que* relatif immédiatement à la suite du participe ; 2°. si l'infinitif peut, dans ce cas, se tourner par le participe actif. Cette transposition vous conserve-t-elle le sens et l'idée de la phrase ? concluez alors que ce complément appartient au participe, et non à l'infinitif. En effet, je puis dire : *J'ai entendu les demoiselles chantant avec leur maman*. Le sens est ici le même que celui de l'exemple proposé ; donc le complément appartenant au participe, le rend déclinable par le quatrième principe ; donc j'écrirai : Les demoiselles que j'ai *entendues* chanter avec leur maman.

Seconde circonstance. Voyez, 1°. si l'antécédent du *que* relatif, dans le nouvel exemple, peut se transporter après le participe sans en changer le sens ; 2°. si l'infinitif peut se tourner par le participe actif : *J'ai vu les demoiselles récompensant par leur maman ;* contre-sens évident. Voyez, pour l'éviter, si l'antécédent placé après l'infinitif respectera mieux le sens et l'idée de l'exemple : *J'ai vu récompenser les demoiselles par leur maman.* Il est clair que tel est le sens de l'exemple proposé. Concluez donc que le complément direct appartient à l'infinitif, et non au participe ; qu'indéclinable donc par le troisième principe, vous devez écrire : *Les demoiselles que j'ai* vu *récompenser par leur maman.*

34ᵉ LEÇON.   PARTICIPES PASSIFS,

DIVERS CAS DE L'EMPLOI DU PARTICIPE.	EXEMPLES.	DÉCLINABLE OU INDÉCLINABLE.
SIXIÈME CAS. Participe précédé du complément direct, et suivi d'un infinitif sous-entendu.	Ces élèves, par leur application, ont obtenu toutes les faveurs qu'ils *ont voulu*. Ils ont récité toutes les leçons qu'ils *ont dû*, et leur mémoire a fait tous les efforts qu'elle *a pu*.	Indéclinable.
SEPTIÈME CAS: Participe passif, suivi de l'infinitif d'un verbe neutre ou intransitif.	La dame que j'ai *vue* entrer. Votre mère que j'ai *aperçue* arriver.	Déclinable.

PRÉCÉDÉS DE L'AUXILIAIRE *AVOIR*.

RÈGLES.

Ce sixième cas ne diffère du précédent que par la suppression des infinitifs, auxquels appartient le complément direct *que*, placé avant le participe. Mais le sous-entendu d'un verbe ne peut pas le priver de ses compléments; il peut encore moins les céder au participe, sans changer le sens des exemples donnés; nous le conservons pleinement en leur restituant les infinitifs sous-entendus..... ont obtenu toutes les faveurs qu'ils ont voulu *obtenir*..... toutes les leçons qu'ils ont dû *réciter*..... tous les efforts qu'elle a pu *faire*. On voit clairement, par le rétablissement des infinitifs, que le complément leur appartient, et non au participe; qu'indéclinable par le troisième principe, nous devons, comme dans le cinquième cas, seconde circonstance, écrire : toutes les faveurs *qu'ils ont voulu*..... toutes les leçons *qu'ils ont dû*..... tous les efforts *qu'elle a pu*.

Ici le complément direct *que*, ne peut dépendre que des participes; les infinitifs qui suivent pourraient seuls le lui disputer. Or, ces infinitifs étant verbes neutres par leur nature, ne peuvent avoir de complément direct; car leur action intransitive est hors d'état d'atteindre ni personne, ni chose; donc dans les deux exemples, les compléments ne peuvent appartenir qu'aux participes. Donc par le quatrième principe, on écrira : La dame *que j'ai vue arrivant ou arriver;* votre sœur *que j'ai aperçue partant ou partir.*

DIVERS CAS DE L'EMPLOI DU PARTICIPE.	EXEMPLES.	DÉCLINABLE OU INDÉCLINABLE.
	1ʳᵉ *Circonstance.* Ma sœur s'est *appliquée*; elle s'est *proposée* pour modèle à sa cadette.	Déclinable.
HUITIÈME CAS. Participe passif d'un verbe réfléchi avec le verbe *être*, précédé des pronoms personnels *me*, *te*, *se*, *nous*, *vous*. Trois circonstances.	2ᵉ *Circonstance.* Ma sœur s'est *donné* des louanges; elle s'est *proposé* de donner l'exemple à sa cadette.	Indéclinable.
	3ᵉ *Circonstance.* Une noble émulation s'est *introduite* dans cette classe; les leçons se sont bien *récitées*.	Déclinable.

RÈGLES.

Ce septième cas présente trois circonstances qui dépendent du sens que donne aux pronoms *me*, *te*, *se*, la véritable signification du verbe réfléchi et du verbe *être*. Le sens de : *Ma sœur s'est appliquée*, équivaut à celui de : *Ma sœur a appliqué* soi; *elle s'est proposée* pour modèle, équivaut à : *Elle a proposé* soi. Alors, dans chaque exemple, *se* ou *soi*, complément direct du participe, le rend déclinable par le quatrième principe; donc j'écrirai : Ma sœur *s'est appliquée*, *s'est proposée*.....

Dans cette seconde circonstance, le verbe *être*, en prenant la valeur du verbe *avoir*, donne aux pronoms *me*, *te*, *se*, etc., le sens de complément *indirect*. En effet, les exemples proposés signifient, ma sœur a donné *à soi* des louanges; elle a proposé *à soi* de donner, etc. Alors dans chaque exemple, le pronom *se* est complément *indirect*; donc les participes sont indéclinables, par le second principe. *Donner*, infinitif, complément direct.

Dans cette troisième circonstance, les sujets exprimant des objets inanimés, le verbe *être* conserve sa signification passive, ne pouvant prendre la signification active du verbe *avoir*; en effet, on ne peut pas dire, une émulation a introduit *soi*; les leçons ont récité *soi*; les leçons ne se récitent pas elles-mêmes, ni l'émulation ne s'introduit pas elle-même; mais elle a été introduite, comme les leçons ont été bien récitées. Alors les participes, *introduite* et *récitées* sont considérés comme des qualificatifs soumis à l'accord des adjectifs. *Voyez* la deuxième règle sur les participes, précédés de l'auxiliaire *être*, page 130.

(*Observation.*) Ces premiers cas des participes suffisent, pour le moment, au besoin que nous en avons, pour nous aider à construire des phrases correctes et des exemples nécessaires à nos leçons. Nous retrouverons les autres cas dans la syntaxe; elle-même nous promet des développements nécessaires pour nous en faciliter l'intelligence.

DES QUATRE PARTIES INVARIABLES DU DISCOURS.

Ces quatre parties sont : *la Préposition*, *l'Adverbe*, *la Conjonction* et *l'Interjection*.

TRENTE-CINQUIÈME LEÇON.

De la Préposition.

PREMIÈRE RÈGLE. La *préposition* (invariable) sert à mettre le mot qui la suit en rapport avec celui qui la précède; exemples : L'esprit *de* l'homme médisant, *à* tout bon esprit doit déplaire. La grossièreté, *sans* avoir dessein *d'*offenser, *par* son épine perfide, ne peut éviter *de* blesser. La définition que nous venons de donner est tellement exacte, que si, de ces exemples, nous supprimons les prépositions, tous les rapports qu'elles établissent, disparaissent; il ne reste qu'un amas de mots qui n'offrent que de l'absurde. *L'esprit l'homme médisant, tout bon esprit doit déplaire. — La grossièreté avoir dessein offenser, son épine perfide ne peut éviter blesser.* Rétablissons les prépositions, le sens dépendant des rapports entre les mots, se rétablira. Donc il est vrai de dire que les prépositions mettent en rapport leur complément avec les mots qui les précèdent.

DEUXIÈME RÈGLE. La *préposition* (du latin *præpositio, præpositus*, placé, mis devant), est ainsi appelée, parce qu'il est de sa nature d'être *essentiellement* placée devant un mot, pour en obtenir un sens qu'elle n'a pas par elle-même. La preuve en est dans les exemples suivants : L'ordre semble nous venir *de....* et tout *dans.....* est soumis *à.....*

Les trois prépositions *de*, *dans*, *à*, abandonnées à elles-mêmes, n'ont aucun sens ; elles en demandent un au mot qui va suivre chacune d'elles ; nous dirons donc : L'ordre semble nous venir *d'en haut*, et tout *dans la nature* est soumis *à ses lois.* Du sens que ces prépositions viennent de recevoir, il est clair que les mots ajoutés après elles, en complètent la signification ; concluons donc que tout mot qui suit une préposition quelconque, devient *complément de cette préposition.*

TABLEAU DES PRÉPOSITIONS LES PLUS USITÉES DANS NOTRE LANGUE.

À (avec accent grave.)	Dès,	Par,
Après,	Dessous,	Parmi,
Attendu,	Dessus,	Pendant,
Avant,	Devers,	Pour,
Avec,	Durant,	Proche,
Chez,	En,	Sans,
Concernant,	Entre,	Sauf,
Contre,	Envers,	Selon,
Dans,	Excepté,	Suivant,
De,	Hormis,	Sous,
Dedans,	Hors,	Sur,
Dehors,	Malgré,	Touchant,
Depuis,	Moyennant,	Vers,
Derrière,	Nonobstant,	etc.
Devant,	Outre,	

(*Observations.*) 1°. Nous avons différentes prépositions qui, jointes à d'autres mots, forment des expressions composées, dont notre langue fait usage; comme : *à l'égard de* votre jeune frère, nous jugerons ce qu'il convient d'en faire. *A la réserve de* ses livres, il n'a soin de rien. *Quant à* son instruction, c'est de sa part chose *tout-à-fait* négligée; il est dans l'usage de donner au jeu toutes ses *après-dînées*, (ou tous ses *après-dîners*); évitez la faute trop fréquente de mettre ce dernier au *féminin*.

2°. Le français, comme le latin, a des prépositions qui entrent dans la composition de quelques noms et de quelques verbes, comme *contrefaire*, *surfaire*, *contremander*, *parcourir*, *surcharger*, *soulever*, *entrelacer*, *surprendre*, *contresigner*, etc.

Quant aux noms composés avec des prépositions, voyez les règles des mots composés, page 155.

3°. Quelques grammairiens ont voulu assigner un usage particulier et précis à chacune des prépositions que nous avons indiquées. Ce travail nous paraît d'autant plus superflu, et même peu exact, que souvent la même préposition s'emploie pour exprimer deux sens contraires et entièrement opposés ; ainsi, dans s'approcher *de* la classe et s'éloigner *de* la classe ; céder un livre *à* un élève, ôter un livre *à* un élève : 1°. La même préposition *de* marque, d'un côté, un sens de rapprochement ; et d'un autre côté, un sens d'éloignement ; 2°. La même préposition *à* désigne, d'une part, un sens de concession, et de l'autre, un sens de privation.

TRENTE-SIXIÈME LEÇON.

De l'Adverbe.

Nous définissons l'*adverbe*, une partie invariable qui sert à modifier *les divers mots* auxquels il est joint.

Par ces expressions, *les divers mots* auxquels il est joint, nous ne limitons pas l'emploi de l'adverbe, à modifier le *verbe seul*, comme semblent le faire des grammairiens qui tirent cette conséquence de l'expression *adverbe, ad verbum*, qu'ils traduisent *auprès du verbe*. Nous donnons une signification plus étendue au latin *verbum* ; nous le traduisons par *mot* en général, comme

7

pour avertir qu'il est de la nature et de l'essence de l'adverbe, d'être employé auprès d'un mot quelconque; en effet, l'adverbe pris isolément n'a aucune signification par lui-même; aussi, observons-nous que sous deux rapports, il partage la destinée de l'adjectif, également modificatif : 1°. Comme lui, il a essentiellement besoin, pour recevoir un sens, d'être ajouté, d'être placé auprès d'un mot, *ad verbum*. Or, *ce mot* n'est pas seulement le verbe; car l'adverbe s'emploie auprès d'un *adjectif*, auprès d'un *participe*, auprès d'une *préposition*, auprès même d'un *adverbe*. Il modifie ces différents mots, de même qu'il modifie le verbe; pourquoi donc restreindre l'exercice de ses facultés en faveur du verbe seul? L'exemple suivant va confirmer cette opinion : Ernest, *généralement* connu *très*-studieux, est reçu *agréablement* dans les meilleurs sociétés; sa modestie le fait paraître *beaucoup* au-dessous de son mérite; aussi est-il *fort bien* accueilli. Cet exemple présente cinq adverbes qui reçoivent un sens, en modifiant les cinq espèces de mots auprès desquels ils sont placés.

1°. Généralement, adverbe qui donne de l'extension au sens du participe *connu*.

2°. Très,   adverbe qui élève au plus haut degré le qualificatif *studieux*.

3°. Agréablement, adverbe qui caractérise la réception d'Ernest.

4°. Beaucoup,   adverbe qui ajoute encore à la signification de la préposition *au-dessous*, comme pour relever d'autant plus le mérite que couvre la modestie d'Ernest.

5°. Fort,   adverbe qui modifie l'adverbe *bien*, en donnant à sa signification le degré le plus élevé, et tel qu'il convient à l'accueil fait à Ernest.

On voit par ces développements que les fonctions de l'adverbe ne se bornent pas à se placer auprès du verbe seul pour le modifier, mais qu'elles s'étendent de plus à divers mots; ce qui justifie la définition et l'explication que nous en avons données.

2°. Le second rapport que nous avons annoncé entre l'adverbe et l'adjectif, c'est que plusieurs sont comme lui susceptibles d'être employés au comparatif et au superlatif, *plus prudemment, le plus modestement possible, très-peu, le plus souvent, fort tard, plus loin que..... plus poli-*

ment que..... *très mal, plus mal, très bien, fort bien,* etc.

RÈGLE GÉNÉRALE. L'adverbe, comme l'adjectif, doit toujours se placer auprès du mot qu'il modifie.

Nous avons plusieurs espèces d'adverbes. 1°. Les adverbes *de manière,* formés des qualificatifs :

Modeste	forme	*Modestement;*
Agréable	—	*Agréablement;*
Sage	—	*Sagement;*
Constant	—	*Constamment;*
Prudent	—	*Prudemment;*
Bon, mauvais	—	*Bien, mal.*

Pas et *point*, de telle ou de telle manière, etc.

2°. Les adverbes qui marquent l'*ordre;* la plupart formés des adjectifs de nombre.

Premier	forme	premièrement;
Second	—	secondement;
Troisième	—	troisièmement;
Dixième	—	dixièmement, etc.

Ensuite, d'abord, etc.

3°. Les adverbes de *quantité.*
Autant, combien, beaucoup de, *trop* de, *plus* de, *moins* de, *peu, que* de *livres, assez* de, etc.

4°. Les adverbes de *comparaison :*

> *Plus,*
> *Le plus,*
> *Moins,*
> *Le moins,*
> *Aussi,* etc.

Mieux et *pis* expriment par eux seuls une comparaison ; c'est à qui chantera *le mieux ;* parmi les écoliers, c'est à qui *pis* fera.

5°. Les adverbes de *lieu :*

Où avec un accent grave, pour distinguer l'adverbe de la conjonction *ou*, sans accent.

Ici, là, ailleurs, loin, partout, etc.

6°. Les adverbes de *tems :*

> *Aujourd'hui,*
> *Demain ,*
> *Hier,*
> *Jamais,*
> *Quelquefois,*
> *Souvent,*
> *Jadis ,* etc.

L'usage en fournit beaucoup d'autres.

Plusieurs adjectifs s'emploient adverbialement ; alors ils deviennent étrangers à tout accord.

Réciter *haut*, pour d'un *ton haut.*

Chanter *juste*, pour d'un *ton juste.*

Travailler *fort*, pour *fortement.*

Voir *clair*, ou *clairement.*

Sentir *bon*, sentir *mauvais*, d'une *odeur bonne* ou *mauvaise.*

Rester *court*, ou s'arrêter *tout à coup.*

Ceci nous conduit à des expressions adverbiales, formées par la réunion de deux ou de plusieurs mots. Ces expressions partagent les fonctions de l'adverbe simple ; comme lui, elles modifient certains mots ; tels sont : *Tout à coup, à coup sûr, à l'entour, sans doute, point du tout, tout de bon, à dessein, en général, de bon cœur, à jamais, peut-être, pour toujours,* etc.

TRENTE-SEPTIÈME LEÇON.

De la Conjonction.

La *Conjonction*, troisième partie invariable, dont se servent les langues pour joindre ensemble, 1°. les mots; 2°. les propositions. Ex. pour les deux cas : Combien *vos parents* et *vos amis* seront heureux, *quand* ils entendront proclamer vos succès! Ici, la conjonction *et* joint ensemble les mots parents, amis. *Quand*, autre conjonction qui, en joignant la seconde proposition à la première, exprime et conserve le rapport essentiel qui existe entre elles; en effet, le sens de la première n'attend-il pas son complément de la seconde?

TABLEAU DES CONJONCTIONS LES PLUS USITÉES.

Ainsi,	Pourtant,	Attendu que,
Ainsi que,	Cependant,	Parce que,
A moins que,	Néanmoins,	Lorsque,
Car,	Toutefois,	Puisque,
Et,	Pour,	Autant que,
Ni,	Surtout,	D'autant que,
Or,	D'ailleurs,	Quoique,
Ou , (sans accent.)	De plus,	Afin que,
Mais,	Non plus,	Pour, *signifiant*
En effet',	Au surplus,	afin que,
Aussi,	Au reste,	Jusqu'à ce que,
Si,	Du reste,	De façon que,
Comme,	Par conséquent,	De manière que,
Quand,	Tantôt,	Tandis que,
Donc,	Sinon,	Dès que,
Enfin,	Soit....soit,	Bien que,
Savoir,	Que,	Pourvu que,

(*Observations.*) 1°. Aucune règle ne peut prescrire le choix et l'emploi des conjonctions; c'est à l'autorité du jugement à décider ce choix en faveur de la clarté et de la pureté du style. Évitez de le fatiguer et de l'obscurcir par la surcharge de conjonctions et par la quantité de propositions qu'elles enchaînent ensemble, le plus souvent sans goût, comme sans nécessité.

2°. Ne confondez pas le *que* conjonction, avec le *que* dont nous avons parlé à la leçon des pronoms relatifs. Celui-ci peut se tourner par *lequel, laquelle, lesquels*, etc., suivant le genre et le nombre de son antécédent. Il n'en est pas de même de la conjonction *que*, dont l'emploi est de joindre ensemble deux propositions, et que pour cela nous appellerons *que conjonctif*. Ex. : Je crois *que* je vous ai prêté le livre *que* vous lisez. Le premier *que* est conjonctif, parce qu'il joint la première proposition, *je crois*, à la seconde proposition, *je vous ai prêté*. Il se reconnaît encore par l'impossibilité de lui faire subir la signification de *lequel, laquelle*, etc. Le second *que*, au contraire, subit cet essai; je puis dire, le livre *lequel* je vous ai prêté; donc ce second *que* est relatif, et le premier, conjonctif.

3°. Le *que* conjonctif et quelques autres conjonctions agissent de différentes manières sur les propositions placées sous leur dépendance. Nous le verrons dans la syntaxe.

TRENTE-HUITIÈME LEÇON.

De l'Interjection.

L'*interjection*, mot invariable, qui exprime les mouvements spontanés et les sensations subites qu'éprouve l'âme dans diverses situations.

Les sensations auxquelles l'âme est exposée dans le cercle si variable de la vie, se partagent entre la *joie*, la *douleur*, la *surprise*, l'*admiration*, l'*aversion*, etc. Ces affections diverses se peignent par un seul mot, dont le sens elliptique renferme une proposition entière; mais, dans sa froide longueur, cette proposition affaiblirait la vivacité de l'expression; sa brièveté même concourt à peindre plus fidèlement l'activité et la violence subite de la sensation.

TABLEAU DES INTERJECTIONS LES PLUS EN USAGE.

Pour exprimer la joie, *Ah! hé! bon! bravo!*
— la douleur, *Ah! aye! hélas! oh! ouf!*
— l'admiration, *Oh! ô! hé!*
— la crainte, *Ha! hé! grand Dieu!*
— l'aversion, *Fi! fi donc!*
Pour encourager, *Allons! courage! bravo!*

On demande comment quelques-unes de ces interjections peuvent se trouver les mêmes, pour exprimer des sensations aussi opposées? Les mêmes interjections sont employées, il est vrai, pour exprimer des sensations bien éloignées d'être les mêmes. La nuance différente que prennent ces interjections en passant, par exemple, de l'expression de la joie à l'expression de la douleur, c'est le ton, c'est le geste, qui impriment à chacune d'elles le caractère et l'inflexion particulière, qu'elles tiennent d'abord de la nature même des affections dont l'âme se trouve saisie. Ceci n'a pas besoin d'exemples; le cours agité de notre faible existence nous en fournit assez.

Le mot interjection (du latin *interjectio*, insertion; *interjectus*, entremêlé, jeté entre); en effet, les interjections sont le plus souvent intercalées et employées entre d'autres mots, au milieu même du langage, ainsi qu'on le voit dans les exemples suivants.

Fable du Renard et du Corbeau.

> Maître renard, par l'odeur alléché,
> Lui tint à peu près ce langage :
> *Hé!* bonjour, monsieur du corbeau;
> Que vous êtes joli! que vous me semblez beau!

Dans Athalie :

ABNER.

> Mais où sont ces honneurs à David tant promis,
> Et prédits même encore à Salomon son fils?
> *Hélas!* nous espérions que de leur race heureuse
> Devait sortir de rois une suite nombreuse....
> ....
> ....
> ....
> Les morts, après huit ans, sortent-ils du tombeau?
> *Ah!* si dans sa fureur elle s'était trompée;
> Si du sang de nos rois quelque goutte échappée...

JOAD.

> *Hé bien!* que feriez-vous?....

TRENTE-NEUVIÈME LEÇON.

Des Noms composés.

On appelle *noms composés*, des mots formés de plusieurs autres, tellement liés ensemble, qu'ils n'expriment plus qu'un seul et même objet, tels que : *Chef-lieu, chef-d'œuvre, basse-taille, avant-coureur, passe-partout*, etc.

Cette définition rappelle la raison qui nous a déterminés à ajourner après la connaissance parfaite des parties du discours, les principes qui doivent régir les mots qui s'en composent. Il est clair que pour bien concevoir et pour bien appliquer ces principes, il fallait connaître la nature de chacune des parties élémentaires qui concourent à la formation de ces mots. Cette connaissance nous est acquise; elle nous permet aujourd'hui de poser ce premier principe général : *Parmi les éléments dont se forment les mots composés, les seuls capables d'être soumis à la déclinabilité du nombre et du genre, sont le nom et l'adjectif.* Tous les autres éléments qui entrent dans la composition de ces mots, nous sont connus comme invariables, et entièrement étrangers par leur nature à toute déclinabilité. Avec ces principes disparaissent toutes les difficultés qui tourmentent beaucoup d'étudiants.

Nous comptons six classes ou six espèces de mots composés, que nous soumettrons à six règles différentes, auxquelles nous ajouterons quelques cas particuliers.

Première règle. Dans les mots composés de deux noms, l'un et l'autre, d'après le principe établi, sont susceptibles de déclinabilité ; donc l'un et l'autre prennent le pluriel. Le *chef-lieu*, les *chefs-lieux* ; un *chou-fleur*, des *choux-fleurs* ; un *porc-épic*, des *porcs-épics*, etc.

Deuxième règle. Dans quelques mots composés de deux noms, le second ne prend cependant pas le pluriel, si ce nom n'est pas susceptible de pluralité, vu le sens singulier dans lequel il est employé. Exemple : Un *hôtel-Dieu* ; *Dieu*, dans l'acception qu'il reçoit de notre religion, ne peut être employé au pluriel ; on dira donc : Des *hôtels-Dieu* ; par la même raison on écrira : Des *priez-Dieu*. Le *pair-de-France*, les *pairs-de-France* ; un *appui-main*, (pièce de bois sur laquelle s'appuie la main qui écrit.) Or, comme il n'y en a qu'une à recevoir cet appui, on dira : des *appuis-main*.

Troisième règle. Mots composés d'un adjectif et d'un nom ; notre principe régulateur donne la déclinabilité à l'un et à l'autre ; on dira donc : Le *grand-père*, le *beau-père*, la *belle-mère*, la *belle-sœur*, et au pluriel : Les *grands-pères*, les *beaux-pères*, les *belles-mères*, les *belles-sœurs* ; la *sage-femme*, les *sages-femmes* ; la *basse-taille*, les *basses-tailles* ; *arc-boutant*, les *arcs-boutants* ; un *loup-garou*, des *loups-garoux*.

(*Observations.*) La prononciation difficile qui résulterait de l'accord, à l'égard de l'adjectif *grand*, dans *grande-mère, grande-tante, grande-messe*, a fait excepter en pareil cas cet adjectif de la concordance; l'on dit : *grand'-mère, grand'-tante, grand'-messe.*

Quatrième règle. Ici notre principe général trouve une exception dans les mots composés de deux noms, mis en rapport par une préposition. Quoique déclinables de leur nature, le premier prend seul le pluriel : Un *chef-d'œuvre,* des *chefs-d'œuvre; bout-d'aile,* des *bouts-d'aile; jet-d'eau,* des *jets-d'eau; arc-en-ciel,* des *arcs-en-ciel.* Ce dernier, qui ne fait point *arcs-en-cieux,* la mémoire doit s'en emparer, comme modèle, pour se rappeler que dans cette règle, facile à erreur, le premier nom seul doit prendre le pluriel. En effet, analysant le sens du rapprochement de ces mots, donnés pour exemple, on s'explique l'indéclinabilité du second nom. Des *chefs-d'œuvre,* s'entend d'ouvrages qui marquent plus spécialement dans telle œuvre, dans telle partie; des *bouts-d'aile,* pour des bouts de l'aile de tel oiseau ; des *jets-d'eau,* se dit des jets formés de l'eau ; *arcs-en-ciel,* pour arcs dans le ciel.

Cinquième règle. Mots composés d'un nom précédé ou d'un verbe, ou d'une préposition, ou d'un adverbe. D'après notre principe, le nom seul prend la marque du pluriel. 1°. *Porte-crayon, porte-mouchette, passe-port, garde-fou,* etc. Les premiers mots sont autant de verbe non sujets à la déclinabilité; on écrit donc : Les *porte-crayons,* les *porte-mouchettes,* les *passe-ports,* les *garde-fous,* etc.

2°. Noms précédés d'une préposition : *Avant-coureur, contre-coup, arrière-garde;* on écrit :

Des *avant-coureurs*, des *contre-coups*, les *arrière-gardes*, etc.

3°. Noms précédés d'un adverbe : Le *bien-aimé*, les *bien-aimés*; le *bien-venu*, les *bien-venus*.

Sixième règle. Mots composés d'éléments ou de mots tous indéclinables par leur nature, ou qui ne sont point susceptibles d'être employés au pluriel. Alors tout dans ces composés est invariable, tels que des *passe-partout*, des *pour-boire*.

Des *rabat-joie* : ici le substantif *joie*, le plus généralement ne s'emploie pas au pluriel.

Des *réveille-matin*; *matin*, nom auquel rien ici ne peut rattacher l'idée de pluralité.

(*Observation.*) 1°. Nous avons des mots composés de plusieurs substantifs qui échappent aux règles précédentes, par la manière dont ils sont employés; exemple, un *essui-mains*, ou un *essuie-mains*. Dans le premier, *essui* est le substantif; je dirai donc, par la première règle, des *essuis-mains*; dans le second, *essuie* est la troisième personne du verbe *essuyer*; je dirai donc, par la cinquième règle, des *essuie-mains*. Mais que l'un et l'autre soient employés au singulier, j'écrirai *mains* au pluriel, l'*essui-mains* étant destiné à essuyer les *mains*, appelle sur ce substantif l'idée de pluralité.

Nous en dirons autant de *porte-mouchettes*, instrument auquel on refuse le singulier, comme formé, ainsi que *ciseaux*, de deux branches essentielles à l'emploi qu'on en fait; on écrit donc : Un *porte-mouchettes*, une *gaine de ciseaux*; de même pour *cure-dents*, petit instru-

ment auquel on ne peut raisonnablement disputer l'idée de pluralité.

Coq-à-l'âne ; on qualifie ainsi les conversa-
tions sans méthode, sans suite, qui passent rapidement du grenier à la cave, et du coq de la
basse-cour à l'âne, transition ridicule par la
disparité qui existe entre le coq et l'âne ; on ne
dit pas : des *coqs-à-l'âne ;* la prononciation
d'abord s'y oppose, et l'idée de pluralité ne se
présente point pour l'autoriser.

On peut en dire autant de *serre-tête*, de
tête-à-tête, et de plusieurs autres que l'autorité
du bon sens soumettra aux exceptions convenables.

FIN DE LA PREMIÈRE PARTIE.

COURS

OU

LEÇONS PRATIQUES

DE

GRAMMAIRE FRANÇAISE.

SECONDE PARTIE.

SYNTAXE.

PREMIÈRE LEÇON.

Toute grammaire renferme ordinairement deux parties. La première considère individuellement et d'une manière isolée les mots employés dans une langue.

La seconde partie rapproche ces mots, les met en action les uns par les autres, en les soumettant à certaines règles. De ce rapprochement naissent *les propositions*, et des propositions se forment *les phrases*. Tel est l'objet de la syntaxe.

Toutes les règles de la syntaxe reposent sur deux principales: 1°. *La règle d'accord*, par suite de l'analogie et de la correspondance que les mots ont entre eux.

2°. *La règle de construction*, par suite de l'action et du pouvoir que les mots exercent les uns sur les autres.

La règle d'accord se réduit à ce principe général : tous les mots qui sont sous la dépendance d'un autre appelé mot *principal*, doivent en subir la loi ; autrement ils doivent en prendre toutes les modifications voulues par le genre, par le nombre et par la personne, qui lui sont propres ; exemple : *Séduisante et souvent perfide, l'imagination vole en tous lieux ; sème tour à tour la joie et la tristesse, épouvante l'homme ou l'élève aux cieux.*

Dans cet exemple, *l'imagination*, mot principal qui soumet à son pouvoir tous les autres mots qui concourent à exprimer les qualités de l'imagination, ce qu'elle peut, ce qu'elle fait. *Séduisante*, *perfide*, adjectifs obligés donc de recevoir le féminin et le singulier, du nom *imagination* qu'ils qualifient.

Les quatre verbes, *vole, sème, épouvante, élève*, appelés à la troisième personne du singulier, par le mot *imagination*, de la troisième personne du singulier, l'action de ces verbes lui étant attribuée, comme en étant le sujet.

La règle de construction veut que tous les mots employés pour rendre une pensée, soient tellement placés dans une phrase, que leurs rapports entre eux fidèlement observés, ne donnent lieu à aucune équivoque dans le jugement que ces mots sont chargés d'exprimer ; exemple :

> Seul réfuge du crime, un remords salutaire,
> S'il est vif, généreux, et constant, et sincère,
> Relevant le mortel sous ce poids abattu,
> Peut insensiblement le rendre a la vertu.

Pour l'harmonie des vers, souvent le poète supprime quelques mots, et en enlève d'autres à la place naturelle qu'ils doivent occuper grammaticalement ; mais encore, cette suppression, ce déplacement, doivent-ils respecter les rapports que les mots ont entre eux, et leur conserver une construction telle, que le sens vrai de la phrase soit exactement et facilement saisi ; avantage que nous présente ce dernier exemple, malgré les ellipses et la transposition de quelques mots.

Les deux règles principales que nous avons annoncées, vont recevoir leur application dans les règles particulières auxquelles nous allons soumettre de nouveau les différentes parties du discours.

Déjà la première partie de la grammaire s'est permis quelquefois d'empiéter sur la syntaxe, en ajoutant à ses définitions quelques règles peut-être hors de son domaine ; mais elle s'y est vue autorisée d'un côté, par le besoin d'appuyer ses définitions sur des exemples au moins corrects ; d'un autre côté, par la nécessité de soumettre les rédactions des élèves aux règles les plus usuelles de notre langue, et peut-être encore par le besoin de distraire un peu de la sécheresse de l'étude de mots isolés et privés de tout rapport. Nous nous empresserons, sans craindre de nous répéter et lorsque le mieux l'exigera, de restituer à la syntaxe ce que nous lui avons emprunté.

SECONDE LEÇON.

Du Nom substantif.

Le nom est appelé *substantif*, parce qu'il indique des objets et des êtres animés ou inanimés qui, comme toute substance, existent par eux-mêmes. Ainsi, *César* (nom substantif), existe par lui-même et indépendamment d'*Alexandre*. Cette *table* (nom substantif), existe par elle-même et indépendamment du *banc* qui peut être brisé, sans que la table partage son sort.

Nous avons distingué six espèces de noms; nous les avons suivis dans quelques-unes des modifications qu'ils sont susceptibles de recevoir. Ce travail n'est pas complet; c'est aux règles que nous allons voir à l'achever.

PASSAGE DU NOM COMMUN AU PLURIEL.

Nous avons indiqué quels étaient les cas qui déterminaient le passage d'un nom, du singulier au pluriel. Il en est d'autres dont la syntaxe doit s'occuper.

PREMIÈRE RÈGLE. Dans certaines constructions de phrases, la préposition *de* indique pluralité; elle exige donc après elle le pluriel. Ex.: Il y a *de bons livres* dans cette bibliothèque. Les jardins des Tuileries et du Luxembourg possèdent *de belles statues; de célèbres orateurs, de grands poètes*, ont honoré la littérature française; *de bons écoliers* entretiennent à Sainte-Barbe l'émulation des bonnes études.

Deuxième règle. Quand un nom, susceptible d'être compté, est précédé d'un nom collectif, ou d'un adjectif, ou d'un adverbe, exprimant *nombre* et *quantité*, ce nom, précédé
de la préposition *de*, se met au pluriel; ex. : *Une
multitude d'élèves* se sont présentés à la direction pour demander du travail, afin de surprendre agréablement leur professeur, rempli
de talents et *de connaissances*. *Que de vers* (pour
combien) nos élèves ont composés à la gloire
du monarque!

Troisième règle. Il en est de même après
les adjectifs, les participes et après les adverbes
qui marquent *privation* ; ex. : Les peuples du
nord ont moins *de moyens* de réussir dans les
arts que les peuples du midi. Une classe dénuée
de sentiments et *d'égards* pour son professeur
est une classe privée de tout succès.

Quatrième règle. Si les noms placés après
les mots marquant *quantité* ou *disette*, ne sont
pas susceptibles d'être comptés, ils restent au
singulier; ex. : Une quantité *de monde* s'est
présenté en foule, pour entendre ce jeune orateur, qui annonce *beaucoup d'esprit, beaucoup
d'instruction*, et *moins de présomption* que *de
sagesse* et *de prudence*. Il faut être *dénué de goût*,
pour ne pas *être plein du désir* de l'entendre.

Cinquième règle. Quand la préposition *de*
se trouve placée entre deux noms, pour établir
un rapport entre eux, le second nom se met-
tra-t-il au pluriel? Quelques grammairiens varient sur la réponse à cette demande. Quant à

nous, nous adoptons, et nous appliquerons ici
le principe de la règle précédente; savoir : Si le
premier nom présente une *collection*, un *nombre*
et une *quantité*, le second se mettra au pluriel,
si toutefois cependant ce nom représente des
objets capables d'être comptés; ex. : *Bouquet
de roses*; un *pied d'œillet*; une *marmelade d'abri-
cots*; une *compotte de pommes*; une *livre de chan-
delles*; une *paire de souliers*, etc. Il est clair,
dans ces exemples, que le premier nom marque
collection, *pluralité* et *quantité*; que le second
rappelle des objets capables d'être comptés ;
donc avec raison on les mettra au pluriel.

Sixième règle. Si le premier nom, quoique
marquant *nombre* et *quantité*, est suivi d'un
autre nom incapable, par sa nature ou par son
infiniment petit, d'être compté, alors ce second
nom restera au singulier. Donnons des exemples avec comparaison : Un *bouquet de roses*,
un *bouquet de jasmin*; plusieurs roses entrent
dans la formation d'un bouquet, tandis que
l'usage a formé d'une *seule branche* un bouquet de jasmin. Un *boisseau de haricots*, un *boisseau de millet*; haricots, capables par leur nature d'être comptés ; le millet, incapable par
l'infiniment petit de son grain. Un *paquet de
plumes* à écrire, un *lit de plume*; je compterai
volontiers les premières; j'abandonne le second
à la patience de qui s'en sentira capable. Termi-
nons, en recommandant au bon sens le discer-
nement des noms qui, en pareils cas, doivent
rester au singulier ou passer au pluriel.

Nous n'avons rien à ajouter à ce que nous
avons dit dans la première partie sur le pluriel

des noms propres, des noms de nombre, des noms collectifs et partitifs (*Grammaire*, p. 24 et suivantes.)

TROISIÈME LEÇON.

De l'Article.

Plusieurs grammairiens ont placé l'article au nombre des adjectifs, comme essentiellement joint à un nom, pour en donner le genre et le nombre.

Nous engageons les étudiants à relire dans la Grammaire les différentes facultés que nous avons reconnues à l'article, pour l'intelligence même des règles suivantes.

PREMIÈRE RÈGLE. Lorsque l'article composé *des*, se trouve au commencement d'une phrase, devant le sujet, ou devant un nom précédé d'un adjectif, d'un verbe, d'un adverbe ou d'une préposition ; cet article *des* se réduit à la seule préposition *de*.

1°. Exemple pour le sujet : *De* bons exemples sont plus utiles à la jeunesse que les meilleurs conseils.

2°. Pour le complément direct d'un verbe : Combien les bonnes études *assurent de* témoignages flatteurs et honorables !

3°. Pour le complément indirect : Qu'il est beau de consacrer sa jeunesse *à d'utiles* travaux !

4°. Après un adverbe : *Combien de* jeunes gens n'ai-je pas vus accablés *de* remords sur la nullité de leurs études !

5°. Après une préposition : Honorez le printems de votre vie *par d'honorables* vertus, vous en retrouverez le mérite dans votre vieillesse.

Deuxième règle. Tout nom employé comme complément d'un verbe ou d'une préposition, ne prend point l'article, s'il présente un sens vague et non précisé. Ex. : *Rendez-moi service*, bien différent de *rendez-moi le service* de me dicter ma version. Dans le premier exemple, *service* sans article est employé dans un sens indéterminé et non précisé ; dans le second exemple, *service* prend l'article, parce que l'objet du service est précisé par la demande du paresseux.

On dit de même avec le sens vague et non précisé du nom après une préposition : Le bon écolier est reçu partout avec *honneur et distinction* ; partout on lui *fait accueil et amitié*.

Troisième règle. Dans certaines manières de parler, le nom, quoique le sujet d'un verbe, s'emploie sans article. Ex. : *Pauvreté* n'est pas vice ; *beauté de jeunesse* n'a nul mérite devant la vertu et le talent.

Quatrième règle. L'article ne se met point devant les noms propres, à moins que de ces noms propres on en fasse des noms communs ou des adjectifs qualificatifs ; on ne dit donc pas : *Le Turenne, le Villars* ; mais en se servant de ces noms pour appliquer et attribuer à d'autres individus la valeur et les talents militaires de ces grands généraux, on leur donne l'article comme à des noms communs qualificatifs ; on dira : Quelques officiers français sont *des Tu-*

rennes et des Villars à la tête de nos armées. Le maréchal.... est *le Turenne* de notre siècle.

CINQUIÈME RÈGLE. Il faut prendre garde de confondre les articles *le, la, les,* avec les pronoms personnels relatifs, *le, la, les;* ceux-ci sont toujours employés devant un verbe, se rapportant à un antécédent. *Le, la, les,* articles, sont toujours employés devant un nom. Ex. : *Les* écoliers francs et sincères, même dans leurs fautes, je *les* estime; *les* devant le nom *écoliers,* est article; *les* devant *estime,* verbe, est pronom, se rapportant à l'antécédent *écoliers.*

QUATRIÈME LEÇON.

De l'Adjectif qualificatif.

Nous placerons ici la distinction que quelques grammairiens ont admise entre les adjectifs, savoir : Les adjectifs *nominaux,* les adjectifs *numéraux,* les adjectifs *pronominaux,* les adjectifs *verbaux.* Les adjectifs nominaux sont ceux qui dérivent des noms, tels que : *Honnête, prudent, sage, studieux,* qui dérivent de *honnêteté, prudence, sagesse, étude.*

Les adjectifs *numéraux* sont ceux que nous avons reconnus parmi les noms de nombre, soit *principaux* ou *primitifs,* soit *secondaires* ou *ordinaux.*

Les adjectifs *pronominaux* sont les pronoms que nous avons reconnus être essentiellement joints à un nom, et que pour cela nous avons appelés *prepositifs*, tels que : Les interrogatifs, *quel*, *quelle*; les possessifs et les démonstratifs, *mon*, *ton*, *son*; *ce*, *cet*, *ces*.

Les adjectifs *verbaux* sont ceux qui, dérivant des verbes, attribuent à un être quelconque une qualité ou une action, tels que les participes, soit actifs, soit passifs.

ACCORD DE L'ADJECTIF.

PREMIÈRE RÈGLE. Les adjectifs, quels qu'ils soient, sont joints ou à un seul nom; ils en prennent le genre et le nombre.

Ou les adjectifs sont joints à deux noms du même genre; ils en prennent le genre et passent au pluriel.

Ou les deux noms qualifiés par un adjectif expriment des êtres animés sous un genre différent; l'adjectif prend le premier des deux genres et passe au pluriel.

Ou enfin les deux objets qualifiés désignent des objets inanimés, avec genre différent; l'adjectif s'accordera avec celui des deux noms auquel il est joint immédiatement. Ex. : Votre fils fait preuve dans ses études d'un talent et d'une *modestie admirée* de ses condisciples même.

Cette exception est motivée par la dureté et par la répugnance que ressentirait l'oreille, de la terminaison masculine, placée auprès d'un nom féminin. Cette exception, nous ne la combattrions pas, si les deux noms étaient au moins à peu près synonymes et se rapprochaient par leur signification; alors qualifier le dernier serait qualifier le premier, comme dans cet exemple : *Cet élève porte partout un extérieur et une tenue admirée* pour son âge. *Extérieur* et *tenue* se rapprochent tellement dans leur signification, qu'en qualifiant l'un, on qualifie l'autre.

Mais il n'en est pas de même avec les noms qui ont une signification différente, tels que *talent* et *modestie*, dans l'exemple ci-dessus. Il est clair qu'en ne faisant accorder l'adjectif qu'avec le dernier, *modestie*, seule elle est qualifiée, et *talent* ne l'est pas.

Il est un moyen de satisfaire en faveur des deux noms le principe sacré de l'accord, et d'éviter à l'oreille la répugnance d'une finale masculine à côté d'un nom féminin ; ce moyen est dans la transposition des noms, en plaçant en dernier le nom masculin. Ex. : Votre fils fait preuve *d'une modestie et d'un talent admirés* de ses condisciples même. De cette manière, l'adjectif *admirés* qualifie les deux noms ; il en prend le premier genre, il passe au pluriel, et la règle de l'adjectif qui se rapporte à deux noms d'un genre différent, se trouve respectée.

D'après ce moyen de conciliation, on ne dira pas : J'ai blâmé cet élève, courant les dortoirs *pieds et tête nue;* la tête se trouverait seule qualifiée, les pieds ne le seraient point ; ce qui est rectifié par : *la tête et les pieds nus.*

(*Observation.*) La poésie offre des exemples contraires ; mais ce n'est pas dans la licence dont elle se fait un privilége, qu'il faut prendre les exemples de la sévérité qu'exige l'observation des règles grammaticales.

Deuxième règle. L'adjectif ne s'emploie pas

seulement comme qualificatif, joint immédiatement à un nom, il est encore employé comme
attribut dans une proposition. Ex. : La France
est *glorieuse* des progrès de son industrie. Les
Français *sont fiers des progrès* de leur littérature. Les adjectifs *glorieuse* et *fiers* forment ici
la troisième partie des deux propositions ; ils
sont attributs qualifiant la *France* et *les Français* ; sujets de ces propositions, ils en prennent
l'accord.

Troisième règle. Si deux noms sont joints
ensemble par les conjonctions, *comme, de même
que, ainsi que,* avec lequel de ces deux noms
l'adjectif attribut s'accordera-t-il? La réponse
demande de l'attention. Suivant l'usage, le premier nom doit s'approprier l'accord. Ex. : Le
travail de votre fils, ainsi que sa bonne conduite, *est louable* ; mais, s'il arrivait au second
nom d'être au pluriel, l'attribut singulier, tout
voisin de ce pluriel, répugnerait comme dans
cet exemple : L'application de votre fils, ainsi
que ses excellentes qualités, *est généralement
appréciée* de ses maîtres ; alors pour éviter cette
construction pénible à l'oreille, changez la place
de ces noms, et dites : Les excellentes qualités
de votre fils, ainsi que son application, *sont
généralement* appréciées ; ou autrement encore,
*les maîtres apprécient l'application de votre fils,
ainsi que ses excellentes qualités.*

Quatrième règle. Il en est autrement avec
deux noms ou deux sujets, séparés par la conjonction *mais* ; c'est le dernier nom qui impose
l'accord à l'attribut. Ex. : Non seulement les
succès de votre fils, mais encore son excellente

conduite *est récompensée*. Encore ici quelque chose répugne ; il semble d'abord, à l'oreille du moins, que les succès sont étrangers à l'attribut. Pour reformer cette manière de parler qui présente quelqu'inexactitude, dites : *Non seulement les succès de votre fils sont récompensés, mais encore son excellente conduite.*

CINQUIÈME LEÇON.

Des Noms collectifs.

CINQUIÈME RÈGLE. Les noms collectifs expriment, quoique au singulier, une collection d'objets animés ou inanimés de la même espèce ; ces collectifs sont donc toujours suivis d'un second nom, qui désigne le tout que l'on veut désigner. Ce second nom est ordinairement au pluriel, puisque le collectif qui le précède, indique *pluralité ;* mais c'est avec ce nom collectif, comme mot dominant et faisant l'objet principal de l'idée, que s'accorde l'adjectif attribut. Ex. : *La multitude des élèves* en récréation *est bruyante* dans ses jeux.

SIXIÈME RÈGLE. Le contraire existe avec les noms partitifs, qui expriment la partie que l'on prend sur un tout. C'est le nom placé après le partitif, qui appelle à lui l'accord, comme déterminant le sens vague du premier. Ex. : Au premier coup de tonnerre, une *multitude de monde fut effrayé ;* une *quantité da femmes furent frappées de terreur ;* une *trentaine d'écoliers furent saisis de crainte. La plupart des élèves* sont *stimulés* au travail par l'émulation et par l'honneur.

La plupart (en latin, *plerique*), quoique employé seul et au singulier, impose le pluriel à tout ce qui est sous sa dépendance; sa signification équivaut à celle de *plusieurs* ; exemple : Parmi les élèves, la plupart, *insensibles* à la gloire, *préfèrent* la honte et les regrets qui s'attachent à l'ignorance.

Septième règle. Nous avons vu que les noms qui suivent certains adverbes marquant *quantité*, *nombre*, dépendaient nécessairement de ces adverbes, comme en étant les compléments; ils en reçoivent donc le pluriel. C'est avec ces noms que s'accordent les attributs qui les qualifient. Exemple : Beaucoup *de femmes* sont plus *spirituelles qu'instruites ; que d'élèves* sont *victimes* de l'indulgence mal entendue de quelques maîtres! *peu d'élèves* sont *justes* à leur égard.

Huitième règle. Dans ces manières de parler : Après six mois de l'année, *passés* à la campagne ;.... après quatre heures du jour, *employées* à apprendre mes leçons.... A-t-on bien fait d'accorder l'adjectif *passés* avec *mois*, et l'adjectif *employées*, avec le nom *heures ?* La répugnance que l'on a de prononcer le masculin *passés*, à côté du féminin *année*, et l'adjectif féminin, *employées*, à côté du masculin *jour*; telle est la raison de la difficulté que quelques grammairiens ont élevée contre cet accord. Cependant on ne peut pas refuser aux noms *mois* et *heures* le droit de réclamer l'accord de deux adjectifs qui leur appartiennent; car ce sont bien les *mois* qui ont été *passés;* ce sont bien les *heures* qui ont été *employées ;* il faut donc cet accord, et ne pas constamment sacrifier les principes les plus sacrés à la délicatesse de l'oreille ; d'ailleurs le repos voulu par la virgule placée entre *année* et *passés*, entre *jour* et *employées*, éloigne un peu la dureté que craint l'oreille.

De plus, pour éviter la violation du principe, comme pour ménager les oreilles délicates, sans altérer l'expression de l'idée, pourquoi ne pas la rendre autrement? Pourquoi ne pas dire : après *avoir passé six mois de l'année* à la campagne..... après *avoir employé quatre heures du jour* à ?.....

Neuvième règle. Dans ces autres manières de parler : *une partie du fleuve, gelée* arrête la navigation ; en rentrant chez moi, j'ai trouvé une partie du sucre, *mangée*, par mon enfant, *et un morceau de viande, enlevé* par le chat. Ici la dureté des adjectifs féminins, *gelée, mangée*, à côté des masculins *fleuve* et *sucre*, de même que le masculin *enlevé*, à côté du féminin *viande*, paraît plus sensible que dans les exemples de la règle précédente ; cependant le principe veut que nous respections cet accord des adjectifs ; pour nous éviter tout reproche, changeons ces phrases, et disons : 1°. Une *partie gelée du fleuve*..... ou, le *fleuve gelé en partie* arrête la navigation ; ou encore, la *navigation est arrêtée par la gelée d'une partie* du fleuve ;.... 2°. J'ai trouvé le *sucre mangé en partie*..... ou j'ai trouvé que l'enfant *avait mangé une partie du sucre ;* que le chat *avait emporté un morceau* de la viande. Ces changements conservent intactes les trois idées qu'on a voulu exposer ; mais elles prouvent de plus la facilité de la langue française à se prêter à des constructions qui évitent les difficultés qu'on peut lui opposer.

Dixième règle. La difficulté que suppose l'exemple suivant, est également facile à vaincre. Ce capitaine, après le combat, a reconnu *une partie de ses soldats restés* sur le champ de bataille ; madame ***, à son retour d'Amérique, a trouvé une *partie de ses enfants morts*. Ici, nous nous rappellerons qu'avec les noms partitifs occupant la première place, c'est le second nom qui fixe l'accord des adjectifs - attributs ; ainsi l'adjectif participe *restés* doit s'accorder avec *soldats* ; l'adjectif *morts*, avec le nom *enfants*. De plus, le mot partie a la signification de *plusieurs*, plusieurs de ses enfants restés,..... plusieurs de ses soldats morts.

SIXIÈME LEÇON.

De l'Adjectif ou Qualificatif.

Onzième règle. Doit-on dire : Cette femme a l'air complaisant, ou complaisante ; cette robe a l'air bien brodé ou brodée ; cette terre a l'air bien ensemencé, ou ensemencée, etc. ? Les grammairiens ne s'accordent pas sur cette règle ; les uns sont pour accorder l'adjectif avec le sujet, d'autres pour l'accorder avec *air*. En nous rendant à cette seconde opinion, nous sommes obligés de consentir à plusieurs exceptions, et notre langue n'en souffre-t-elle pas assez ? car ne faut - il pas en créer de nouvelles pour : cette robe *a l'air bien brodé;* cette terre a *l'air bien ensemencé;* cette femme a *l'air bavard.* Peut-on raisonnanablement associer ces idées de *l'air bien brodé, bien ensemencé,* et enfin *d'un air bavard?* Disons donc que l'adjectif doit prendre l'accord avec le sujet, en considérant les qualificatifs comme attributs de propositions vraiment elliptiques, équivalentes à : cette femme a *l'air d'être bonne;* cette terre a *l'air d'être bien ensemencée;* cette femme a *l'air d'être bavarde.*

Au reste, pour échapper à toute discussion sur cette règle, ayons recours au verbe *paraître,* tellement synonyme de *avoir l'air,* que cette expression est rendue en latin par le verbe *videri,* paraître; et disons mieux : cette femme *paraît complaisante,* cette robe *paraît bien brodée.* Cette confiture *paraît cuite,* et non cette confiture *a l'air cuit* (absurdité au moins ridicule).

Douzième règle. Les adjectifs sont en général susceptibles de recevoir un complément, comme : digne *d'éloges,* fort *de sa conscience,* appliqué *à l'étude,* sensible *à la tendresse de ses parents,* remarquables *par sa reconnaissance envers eux,* etc. On voit par ces exemples que les compléments sont mis en rapport avec leur adjectif, par des prépositions convenables à chacun de ces adjectifs.

Ceci nous amène à une règle trop généralement violée, surtout dans le langage ordinaire. Un nom peut être complément de deux adjectifs, dont chacun exige une préposition différente pour établir son rapport avec ce nom; alors il faut donner à chacun de ces adjectifs la préposition qui lui convient. Ne dites donc pas: Ma mère *a été sensible et touchée de la sincérité de mes vœux.* 1°. L'adjectif *sensible* exige la préposition *à;* 2°. l'adjectif *touchée* veut la préposition *de;* donnez donc à chaque adjectif le complément précédé de la préposition convenable, et dites : Ma mère a *été sensible à la sincérité* de mes vœux, et elle a *été touchée de elle* (sincérité); ou mieux, *et elle en a été touchée.*

Treizième règle. Parmi les adjectifs, les uns peuvent qualifier les personnes et les choses; quelques autres ne peuvent qualifier que les choses. Comment obtenir cette distinction ? Très-facilement; voyez si le verbe d'où dérivent les adjectifs, admet pour complément direct, indifféremment un nom de personne ou un nom de chose; alors l'adjectif qui dérive de ce verbe pourra de même qualifier indifféremment une personne ou une chose. Ainsi, je puis dire : Je *loue cet élève,* je *loue sa conduite;* je *blâme les paresseux,* je *blâme la paresse;* je ne manquerai pas à la règle, en disant : Cet élève est louable; *sa conduite est louable;* le paresseux est blâmable, la paresse est blâmable.

Mais, si le verbe d'où dérive l'adjectif, n'admet point pour complément direct un nom de personne, *mais seulement un nom de chose,* cet adjectif ne pourra pas qualifier une personne, il se bornera à qualifier une chose. Prenons pour exemple le verbe *déplorer.* On dit bien *déplorer une chose, le malheur, la mort, la paresse* de quelqu'un; mais on ne dira pas, *déplorer quelqu'un;* ainsi je manquerais à la règle si je disais : Ce *paresseux est déplorable;* je m'y conformerai

en disant : Sa paresse est déplorable ; la perte
de ce chef de famille est déplorable pour ses
enfants.

Cette règle demande beaucoup d'attention
pour bien l'appliquer.

QUATORZIÈME RÈGLE. L'adjectif *prêt à.....*
veut être distingué de la préposition *près de.....*

Prêt à....., adjectif synonyme *de disposé à.....*,
est toujours suivi de la préposition *à* ; tandis
que *près de.....*, préposition synonyme de *sur
le point de.....*, est toujours suivi de la préposition *de* ; exemple : *L'émulation* de cet élève
le tient toujours *prêt à satisfaire* ses maîtres ;
aussi *est-il près d'en recevoir* la récompense. Madame *** est toujours *prête à* secourir les malheureux ; elle est *près de* quitter la ville, elle
y sera regrettée des pauvres.

QUINZIÈME RÈGLE. De deux noms séparés par
la conjonction alternative *ou*, un seul doit imposer l'accord à l'adjectif qualificatif. Ex. :
D'après le bruit qu'on a entendu hier, *Ferdinand* ou *Adolphe a été bien turbulent*. Il est clair
que c'est l'un ou l'autre qui a été turbulent,
et non tous les deux ; donc *turbulent* au singulier.

Si les deux noms étaient d'un genre différent,
avec lequel des deux noms s'accorderait l'adjectif ? avec le dernier nom, comme étant le
dernier objet de l'idée et le plus voisin de l'adjectif dont la finale, pour l'oreille, ne doit pas
être dissonante avec le genre de ce dernier
nom. Ex. : *Adolphe* ou *Amélie* sera forte sur le
piano. L'adjectif *forte* a pris le genre du dernier
nom (d'*Amélie*), comme nom plus voisin de

l'adjectif, pour éviter la dissonance qui résulterait de cette construction, Adolphe ou Amélie sera *fort* sur le piano. On dira de même : Tôt ou tard, mon ami, votre travail ou votre conduite sera *récompensée*.

Seizième règle. Certains adjectifs placés devant un nom, sont invariables, lorsque placés après, ils reprennent l'accord. Ex. : Les ouvriers dans la campagne vont le plus souvent *nu-pieds* et *nu-tête*; en ville, l'usage n'est pas d'aller *tête nue* et *pieds nus*. Dans une *demi*-heure, au plus tard dans une heure et *demie*, je vous enverrai une *demi-livre* de tabac, avec les *quatre douzaines et demie* de la bougie que vous attendez. Vous trouverez *ci-joint* la facture de ces articles, et la lettre *ci-jointe* vous parle des autres objets dont vous m'avez entretenu. Toutes vos connaissances ici vous disent mille choses tendres, *excepté* les dames ***; vous le savez, ces dames *exceptées*, cela ne doit pas vous étonner. En suivant ces exemples, on remarquera que le même adjectif, indéclinable devant le nom, rentre dans la règle de l'accord, en passant après le nom.

Dix-septième règle. D'autres fois, certains adjectifs sont tout-à-fait invariables, comme employés adverbialement ; alors on sous-entend une préposition et un nom. Exemple : Chanter *haut*, chanter *faux*, parler *bas* (d'un ton *haut*, d'un ton *bas*, d'un ton *faux*); toutes les maisons à Paris se vendent *cher* (à haut prix).

Les adjectifs *fort* et *court* s'emploient de même et ne changent pas avec les noms féminins. Ex.: Votre sœur, un peu présomptueuse, s'est fait *fort* (et non pas *forte*) de réciter de suite les fables de La Fontaine; après la récitation de quelques-unes, elle est restée *court* (et non pas *courte*).

DIX-HUITIÈME RÈGLE. L'adjectif *feu*, signifiant *défunt*, reste indéclinable, s'il n'est précédé d'aucun article, ni d'aucun pronom. *Feu* ma mère, *feu* ma tante, *feu* la reine de France.

Feu, précédé d'un article ou d'un pronom possessif, prend l'accord avec le nom auquel il est joint. On a célébré un service pour la *feue* reine; les infirmités de ma *feue* mère, ont souvent alarmé ses enfants.

DIX-NEUVIÈME RÈGLE. Toutes les règles que nous venons de donner, concernant l'accord de l'adjectif, sont applicables au *comparatif* et au *superlatif* de ces adjectifs. Ex. : Les amis de collége *sont plus constants et plus fidèles* que les amis liés seulement par les goûts de l'âge et du monde. L'amitié de collége est *la plus durable et la plus éprouvée.* Comme on le voit, les comparatifs et les superlatifs ont obéi à la loi de l'accord, de même que leurs positifs.

(*Observation générale.*) Le qualificatif étend et embellit la pensée; mais il faut 1°. qu'il convienne parfaitement à l'objet qu'il qualifie; 2°. il faut en éviter l'abus; trop multiplié, il rend le style lourd, souvent obscur et toujours fatigant.

SEPTIÈME LEÇON.

Des Pronoms en général.

(*Observation.*) Les détails que la grammaire a donnés sur cette quatrième partie du discours, limiteront nécessairement ceux qui nous restent à développer, comme du domaine de la syntaxe.

Nous avons distingué plusieurs espèces de pronoms, particulièrement les pronoms *personnels* et les pronoms *relatifs*, comme seuls véritablement pronoms. Les autres, tels que les *possessifs*, les *démonstratifs*, se divisent en *adjectifs prépositifs*, comme immédiatement placés devant un nom ; ou en *relatifs*, comme se rapportant toujours à un nom antécédent.

Nous avons de plus les pronoms *indéfinis*, qui se divisent en plusieurs classes.

Il sera utile de revoir ce que la grammaire a dit sur chaque espèce de pronoms en particulier, quand, tour à tour, ils figureront dans la syntaxe.

DES PRONOMS PERSONNELS.

La grammaire a indiqué les pronoms qui appartiennent à la première personne, à la seconde et à la troisième, tant pour le singulier que pour le pluriel ; page 49. Ces pronoms ont différentes manières d'être employés ; 1°. comme sujets d'un verbe ; 2°. comme complément direct ou indirect d'un verbe ; 3°. comme complément d'une préposition.

Première règle. Comme sujets d'un verbe, les pronoms personnels se placent ordinairement devant lui; ex. : *Je lis, tu travailles, il écrit, elle danse; nous chantons, vous causez, ils* ou *elles ont parlé.*

Cette règle souffre quelques exceptions; nous les verrons dans les leçons sur le verbe, à l'article des différentes places que peut occuper le sujet.

Deuxième règle. Les pronoms personnels peuvent être employés comme complément direct du verbe, particulièrement dans les verbes réfléchis; alors le pronom *je* se remplace par son correspondant *me* qui se place avant le verbe; ex. : Quand *je* travaille bien, le tems des études ne *me* fatigue point, et *je me félicite* de mon application.

Tu se remplace par son correspondant *te;* ex. : Si *tu* étudies, tes succès *te* stimuleront de plus en plus et *tu te féliciteras* de tes progrès.

Il se remplace par son correspondant *le;* ex. : Il fera des progrès, si l'émulation *le* soutient dans ses études.

Elle se remplace par son correspondant *la;* ex. : Elle aime trop la musique pour que son maître *la* néglige.

Au pluriel, *nous* et *vous,* sujets, ne changent point, quand ils sont employés comme compléments directs. ex. : *Nous* sommes près de notre perte, quand on *nous* caresse dans nos défauts. *Vous vous en repentirez* et vous blâmerez un jour cette tendresse aveugle qui *vous* égare par des éloges au-dessus de votre mérite.

Les pluriels, *ils* et *elles,* se remplacent par

leur correspondant *les*, des deux genres : (Vos frères) *Ils* s'appliqueront tant, qu'on *les* citera comme modèles. Quant à vos sœurs, elles imiteront leur application et on *les* citera de même parmi leurs jeunes camarades.

TROISIÈME RÈGLE. Les pronoms personnels s'employent de même comme compléments indirects. Ex. : *Je me* dirai souvent que le sort de ma vie entière dépend de l'emploi de ma jeunesse. *Tu te* rappelleras à tous les instants ce que tu dois aux auteurs de tes jours et à *toi*-même. (Votre ami) *Il lui* faut des conseils; il est jeune encore. Il en est de même de *elle* qui fait *lui*.

Dans le premier exemple : *Je me dirai*, pour je dirai *à moi*; autre correspondant de *je*.

Dans le deuxième exemple : *Tu te rappelleras*; pour tu rappelleras *à toi*, autre correspondant de *tu*.

Dans le troisième exemple : *Il lui faut*, pour il faut *à lui*, autre correspondant de *il* et de *elle*.

QUATRIÈME RÈGLE. Les pronoms personnels employés ou comme complément direct, ou comme complément indirect, se placent avant le verbe, ainsi qu'on le voit dans les exemples précédents; cependant, à l'impératif *affirmatif*, il n'en est pas de même ; ces pronoms se placent après le verbe, avec un trait d'union qui le joint au verbe. Ex. : Donnez-*moi* vos conseils sur mes études; accordez-*nous* ce que vous nous promettez depuis long-temps ; prêtez-*lui* des livres; donne-*toi* un peu de repos; donnez-*vous* la satisfaction d'aller voir le Musée.

Avec l'impératif *négatif*, au contraire, les

pronoms personnels conservent leur place devant le verbe : Ne *me* refusez pas vos avis ; ne *vous* donnez pas la peine de venir me voir ; ne *me* trompez pas ; ne *les* découragez pas dans leurs études.

Cinquième règle. Nous avons annoncé que les pronoms personnels étaient employés comme compléments d'une préposition. Exemple : Je veux consulter votre père, j'ai beaucoup de confiance *en lui* ; je le recevrai *chez moi* ; je causerai *avec lui sur vous* et sur vos études. Les exemples des personnels soumis aux prépositions *à* ou *de* sous-entendues, quand ils sont employés comme compléments indirects, viennent à l'appui de cette règle. Exemple : Dites-moi quand vous lui écrirez, pour, dites *à moi*, quand vous écrirez *à lui*.

Sixième règle. Les pronoms *le, la, lui, leur, eux*, ne peuvent correspondre qu'aux personnes. On ne dit donc pas : Ce pont menace ruine, ne passez pas *sur lui* ; dites : *n'y passez pas*. Cette maison une fois réparée, j'aimerais à *l'habiter* ; dites : j'aimerais à *y habiter*. Cet arbre que l'on coupe, est sur le point de tomber, *ne l'approchez* pas ; dites : *n'en* approchez pas.

Septième règle. *Moi*, correspondant de *je*, veut également la première personne, dans ces manières de parler ; *c'est moi qui ai obtenu* la première place dans la dernière composition, et non pas selon la faute trop fréquente : c'est *moi qui a obtenu*. On dit de même : *c'est nous*, Français, *qui avons remporté* cette victoire ; *c'est nous*

qui *sommes les* vainqueurs ; c'est *toi* qui *seras*
l'appui de *ton* père dans sa vieillesse.

HUITIÈME RÈGLE. *Moi* s'emploie quelquefois
devant quelques tems de l'infinitif, par forme
d'ellipse ; exemple : *Moi, vous mentir ; moi,*
vouloir vous tromper ; *moi, avoir voulu vous*
induire en erreur.

NEUVIÈME RÈGLE. *Se*, pronom de la troisième
personne, s'emploie dans les verbes réfléchis ;
il se loue ; ils se glorifient ; ils se sont flattés, etc.

Se est remplacé par son correspondant *soi*,
quand il a pour sujet un nom collectif, ou un
pronom indéfini ; exemple, en parlant des personnes : *Il* ne faut compter que *sur soi*, et peu
sur les autres ; car, dans la société, *tout le monde*
ne s'occupe que *de soi; chacun* ne pense qu'à
soi; si *l'on* vous aborde, c'est pour vous parler
de soi. Ne méprisez personne : le bon La Fontaine a dit : *On* a souvent besoin d'un plus
petit *que soi.*

DIXIÈME RÈGLE. Comme tous les autres personnels, le pronom *se* s'emploie, ou comme
complément direct, ou comme complément indirect, ou après une préposition ; exemple
comme complément direct : Votre frère *se flatte*
trop de ses succès ; les jeunes gens *se trompent*
souvent sur la valeur de leurs dispositions (flatte
soi, trompent *soi* ou *eux-mêmes*).

Comme complément indirect : Cette dame
aime à *se* donner des louanges, à donner *à soi.*

Après une préposition: On n'est jamais mieux
que *chez soi ;* la retraite assure *avec soi* des
agréments utiles à celui qui sait s'occuper.

HUITIÈME LEÇON.

Des Pronoms relatifs-conjonctifs.

Ces pronoms marquent 1°. une relation avec un mot dont on a parlé précédemment.

2°. Ils servent à joindre à une proposition *principale* ou *antécédente* (puisqu'elle possède l'antécédent) une proposition *secondaire.*

Parler ici de ces deux propositions, c'est anticiper sur les règles de la formation des propositions et des phrases, leçons qui terminent la syntaxe. Mais un mot sur la définition d'une proposition principale et d'une proposition secondaire, nous paraît nécessaire pour rendre plus intelligibles les règles et les fonctions des pronoms relatifs.

La proposition principale est celle qui présente à elle seule un sens quelconque, achevé ou non achevé ; comme quand je dis : *Le cercle est rond.*

La proposition secondaire est celle qui se rattache à la proposition principale, ou pour y ajouter un développement, ou pour en achever le sens s'il n'est pas complet. Ex. : Le cercle *qui présente la figure la plus agréable,* comme la plus conforme à l'œil, est rond. *Qui présente la figure la plus agréable.....* proposition secondaire, qui ajoute un développement à la proposition principale et complète : *le cercle est rond.*

Second exemple : J'ai donné le prix du mois à l'élève *qui a le plus travaillé* à la composition dernière. J'ai donné le prix à l'élève, *proposition principale* incomplète, dont le sens suspendu et non achevé attend et reçoit, de la proposition secondaire et explicative, *qui a le plus travaillé*, ce qui lui manque.

Cette simple explication éclaire les règles suivantes.

PREMIÈRE RÈGLE. Le pronom relatif doit prendre le genre, le nombre et la personne de son antécédent, pour les transmettre à tous les mots qui suivent sous sa dépendance. Exemple : C'est *moi qui suis le premier* de ma classe. C'est *nous qui sommes les plus avancés* de notre classe. Est-ce *vous*, madame, *qui êtes si bonne avec* les pauvres ? Ce sont *ces dames qui se montrent partout si obligeantes* envers les pauvres.

Dans le premier exemple, *moi*, antécédent, masculin, singulier, de la première personne, communique ces trois modifications au relatif *qui*, lequel les communique à son tour à l'attribut *premier*, ainsi qu'au verbe *suis*, sous le rapport du nombre singulier et de la première personne, désignée par *c'est moi*.

Dans le troisième exemple, l'antécédent *vous* reçoit de *madame* le pluriel, le féminin et la seconde personne. Cet antécédent impose ces trois modifications à son relatif *qui*, lequel les transmet aux mots qui suivent sous sa dépendance ; de là, le verbe se met à la seconde personne du pluriel, et l'attribut *bonne* au singulier féminin.

(*Nota.*) Quoique ne parlant qu'à une seule personne, nous disons : *Vous qui êtes*, au pluriel, au lieu de *Toi qui es*, l'honnêteté française défendant le tutoiement ; mais en pareil cas, le singulier reprend ses droits sur l'attribut *bonne*, puisqu'il ne qualifie qu'une seule personne.

Nous laissons à l'écolier les deux autres exemples à expliquer. Nous ne saurions trop recommander cet exercice analytique, pour éviter la violation trop commune de cette règle.

DEUXIÈME RÈGLE. Le pronom relatif doit toujours être placé immédiatement après son antécédent. Toute autre place produirait un sens équivoque, auquel nous expose trop souvent l'emploi hasardé et irréfléchi de nos pronoms en général. Exemple : Vous demanderez ce livre à Eugène, *qui* est très instructif et bien écrit. Cette phrase présente un sens louche ; il disparaîtra, en rendant au relatif *qui* la place qui lui appartient essentiellement : Vous demanderez à Eugène ce livre qui est très instructif.....

TROISIÈME RÈGLE. Quelquefois la construction et le sens d'une phrase s'opposent au rapprochement du relatif auprès de son antécédent ; alors, pour éviter tout sens louche et équivoque, il faut remplacer *qui* ou *que* relatifs, par *lequel*, *laquelle*, *dont*, etc., les faisant accorder avec leur véritable antécédent. Ex. : Nous avons vu défiler dans la capitale un nombre considérable de prisonniers allemands, bien maltraités par les malheurs de la guerre, que le peuple de Paris s'est empressé de secourir. Ce *que* relatif, séparé de son antécédent *prisonniers*, présente un sens obscur et embarrassé ; dans la difficulté de le rapprocher de son antécédent, tournez-le

par *lesquels* le peuple de Paris s'est empressé.....
Cependant ce pronom *lequel, lesquelles, laquelle,*
prive le style de toute grâce, le rend lourd et
souvent ridicule même. Ces pronoms conviennent tout au plus au style traînant du barreau.
Au lieu donc de les employer, il est mieux de
couper la phrase, et de dire : Nous avons vu
défiler dans la capitale un nombre considérable
de prisonniers allemands, bien maltraités par
les malheurs de la guerre; *le peuple de Paris
s'est empressé* de secourir ces prisonniers.

QUATRIÈME RÈGLE. Le relatif conjonctif n'est
pas seulement employé comme sujet ou complément direct d'un verbe; quelquefois encore
il est complément des prépositions *à, envers,
par, en, de,* etc. ; à cette occasion, nous observerons que le relatif *qui,* précédé d'une de ces
prépositions, ne s'emploie qu'en parlant des
personnes et non des choses : Ex. : Les orateurs *à qui* nous devons des modèles d'éloquence. Les poètes, *envers qui* la censure est
difficile; les censeurs, *par qui* leurs ouvrages
sont sévèrement jugés.

On ne dira pas la littérature *à qui,* mais, *à
laquelle* de jeunes auteurs consacrent leurs
veilles.

La poésie nous offre des exemples qui dé-
rogent à cette règle; cette licence des poètes,
qui serait une faute en prose, a pour motif de
donner plus d'intérêt et plus d'âme à l'expression, en prêtant l'existence et la vie à leur sujet.

CINQUIÈME RÈGLE. Nous avons parlé dans la
grammaire de l'adverbe *où,* à l'article des pronoms relatifs, à cause de la signification que la

décomposition de cet adverbe lui fait partager avec ces pronoms. Ex. : Le département *où* je suis né, pour : *dans lequel* je suis né.

Où partageant ainsi la signification des pronoms relatifs, partage encore avec eux la faculté de joindre une proposition secondaire à une proposition principale. Ex. : La Côte-d'Or, *où j'habite*, est fertile en vin. *La Côte-d'Or est fertile en vin*, proposition principale ; *où j'habite*, proposition secondaire, qui se lie à la principale par l'adverbe relatif *où*.

SIXIÈME RÈGLE. L'adverbe *où*, précédé ou non précédé de la préposition *de*, ne s'emploie qu'après les noms exprimant localité et objets inanimés. Après un nom de personne, au lieu de *où* et *d'où*, on se sert des prépositions *chez*, *auprès de*, suivies du relatif *qui*, ou des relatifs *dont, duquel*, etc, ainsi on dira : Le maire *chez qui* je vais ; la maison commune *où* j'ai été appelé, et *d'où je* sors ; le marchand *chez qui* je prends mon papier, et la librairie *où* j'achète mes livres ; le libraire *dont, de qui* je tiens ces belles éditions, et non pas *d'où je tiens*....

NEUVIÈME LEÇON.

Pronoms absolus-interrogatifs.

PREMIÈRE RÈGLE. Pour former une proposition qui exprime une interrogation, il suffit de dégager les pronoms relatifs *qui*, *que*, de l'antécédent qui les domine ; alors ils deviennent *indépendants* ou *absolus*, et la proposition qui reste, présente une demande dont la réponse est l'antécédent supprimé.

Ex. : M. Cousin *qui* vous apprend la géométrie.... Si nous supprimons l'antécédent du relatif *qui*, il nous restera l'interrogation, *qui vous apprend la géométrie?* Rép. *M. Cousin*, (antécédent supprimé).

La géométrie que vous étudiez; ôtant l'antécédent, il nous restera : que vous étudiez, ou *qu'étudiez-vous?* L'antécédent supprimé donnera la réponse : *La géométrie.* Le département de la Côte-d'Or, *où vous habitez;* supprimez l'antécédent, vous aurez : *où vous habitez?* Ainsi parle l'enfant dans les premiers essais de la parole, et encore étranger aux inversions que l'on observe dans les propositions interrogatives : *où habitez-vous? dans le département de la Côte-d'Or.*

Nous revenons ici sur ces exemples, capables de rappeler la vraie signification du mot *absolu*, dont les grammairiens qualifient les pronoms interrogatifs, pour les distinguer des pronoms *relatifs*.

Deuxième règle. *Qui*, employé le plus souvent dans notre langue comme *sujet* d'un verbe, peut être encore *complément* d'un verbe ou d'une préposition, notamment dans les phrases interrogatives; 1°. complément d'un verbe : *qui* demandez-vous? *qui* appelez-vous? 2°. complément d'une préposition : *à qui* en voulez-vous? *de qui* vous plaignez-vous? *contre qui* vous fâchez-vous? *pour qui* sollicitez-vous cette faveur?

TROISIÈME RÈGLE. *Que*, employé ordinairement comme complément *relatif*, s'emploie également de même comme pronom *absolu*. Ex. : Que faites-vous? que demandez-vous? ce *que* n'est jamais complément d'une préposition; il ne peut être par conséquent complément indirect d'un verbe. Pour être employé comme tel, il a besoin d'être ramené à sa véritable signification : quelle chose, ou quoi; on dit donc : *A quoi*, ou *à quelle chose* vous appliquez-vous? *de quoi* vous plaignez-vous? *avec quoi* cela se fabrique-t-il?

QUATRIÈME RÈGLE. *Dont*, pronom relatif, signifie *duquel*, *de laquelle*, *desquelles*, etc.; il s'emploie indifféremment pour les personnes et pour les choses. Ex. : Vos parents *dont* (desquels) chaque jour vous recevez les bienfaits; leurs bontés *dont* (desquelles) vous usez avec reconnaissance.

DIXIÈME LEÇON.

Des Adjectifs et des Pronoms possessifs.

Ces pronoms, destinés à mettre la chose possédée en rapport avec son possesseur, sont de deux espèces; les uns sont de véritables adjectifs prépositifs, essentiellement joints au nom de la chose possédée, tels que *mon livre, ma plume, ton dictionnaire, leur pupitre, leurs livres*. Les autres sont employés seuls, établissant relation avec un objet dont on a déjà parlé, tels que *le mien, la mienne, le nôtre, les vôtres, le leur, les leurs,* etc.

Ces différents pronoms doivent être considérés dans leur véritable emploi, comme les pronoms et les substituts des pronoms personnels; car, *mon livre, ton cahier, sa propriété,* remplacent ces expressions : *Le livre de moi, le cahier de toi, la propriété de lui.* Aussi cette substitution de ces pronoms adjectifs et relatifs, aux pronoms personnels, les a-t-elle fait encore appeler *pronominaux possessifs.*

Ces pronoms sont généralement soumis à la règle d'accord avec le nom de l'objet possédé. L'emploi de ces pronoms demande une grande attention, pour éviter les doubles sens et les amphibologies que peuvent produire les pronoms personnels et possessifs de la troisième personne, si on les embarrasse dans une mauvaise construction; en voici un exemple bien simple : *Monsieur votre père est venu voir votre frère avec son ami,* et *il lui a demandé ce qu'il avait fait de ses livres....* *Avec son ami,* s'agit-il de l'ami du père? s'agit-il de l'ami du fils? Dans la demande : *ce qu'il avait fait de ses livres,* s'agit-il des livres du père, ou des livres du fils? Pour dégager ces pronoms du sens amphibologique, qu'ils tiennent de la construction mal entendue de cette phrase, disons : M. votre père est venu avec son ami voir votre frère, à qui il a demandé ce qu'il avait fait de ses livres; *dans ses livres,* le pronom *ses* ne laisse-t-il pas encore trop à douter s'il s'agit des livres du père ou des livres du fils; alors essayons la construction suivante : M. votre père est venu avec son ami voir votre frère ; il lui a demandé ce qu'il avait fait *des livres qu'il lui avait donnés.*

On est quelquefois obligé d'avoir recours à un changement de mots et de construction de phrase, tout en conservant la même idée, pour la garantir de ces équivoques ridicules, auxquelles notre langue est souvent exposée par la place peu étudiée que l'on donne à ses pronoms.

Après avoir donné ces observations générales, nous poserons quelques règles importantes sur les possessifs *son, sa, ses, leur, leurs,* qu'il ne faut pas employer indistinctement pour des êtres animés ou pour des objets inanimés. Ce second cas seul mérite des règles fixes et arrêtées, pour lesquelles nous distinguerons quelques circonstances.

Première règle. Si l'objet inanimé est sujet d'un verbe actif, on emploie le pronom possessif avec les compléments de ce verbe. Ex. : Ce jardin conserve long-temps *sa verdure;* cette année, les arbres fruitiers conservent difficilement *leurs fruits.* Cet espalier même, malgré les avantages de sa position, ne donnera *ses fruits* que très tard.

Deuxième règle. Mais, si l'objet inanimé au lieu d'être *sujet,* est complément d'un verbe qui a pour sujet un être animé, on remplace le pronom possessif par le relatif *en.* Ex. : La position de votre maison est agréable, mais *je n'en* aime point la distribution ; (on ne dira pas, je n'aime pas *sa* distribution). J'en admire la vue étendue, (et non, j'admire sa vue).

9

TROISIÈME RÈGLE. On emploie *son, sa, ses, leur, leurs*, quand l'objet possédé, quoique inanimé, est complément d'une préposition. Ex. : Ce bois, *par sa position* auprès de votre enclos, en augmente bien les agréments. La situation de votre ferme, avec les avantages de la route qui l'avoisine, ajoute beaucoup *à sa valeur.*

Ces différentes règles trouvent des exemples contraires chez les poètes, qui le plus souvent animent les objets les plus éloignés même de toute existence, physique et morale.

ONZIÈME LEÇON.

Des Adjectifs et des Pronoms démonstratifs.

La qualité de *démonstratif*, donnée à ces mots, indique suffisamment les fonctions auxquelles ils sont appelés. On les divise : 1°. en *adjectifs prépositifs*, constamment et immédiatement joints au nom indiqué; 2°. en *pronoms relatifs*, les seuls que l'on puisse considérer comme vrais pronoms, leur fonction étant de remplacer le nom de l'objet dont on a parlé antérieurement.

Si l'article était un nom, nous nous expliquerions pourquoi ces adjectifs chargés, comme *prépositifs*, de le remplacer, sont appelés pronoms. Serait-ce parce que ces prépositifs sont chargés d'indiquer, en l'absence de l'article, le genre et le nombre des noms devant lesquels ils sont placés?

Les démonstratifs relatifs, comme pronoms,

appartiennent à la règle générale qui les soumet à prendre toute la signification et toutes les formes de genre et de nombre, du nom qu'ils rappellent.

La grammaire nous a suffisamment développé tout ce qui concerne les adjectifs et les pronoms démonstratifs.

Un seul de ces pronoms est soumis à quelques règles particulières, ou du moins y figure-t-il quelquefois dans notre langue de manière à fixer l'attention. Il s'agit : 1°. de *ce*, suivi des relatifs *qui* et *que* ; 2°. de *ce*, placé devant le verbe *être*, suivi d'un des pronoms personnels, ou d'un ou de plusieurs noms, comme dans : *c'est moi, c'est nous ; c'était vous, c'est lui ; ce sont eux, c'étaient eux ; c'est votre ami, ce sont vos camarades.*

PREMIÈRE RÈGLE. Nous avons vu *ce*, employé comme adjectif *prépositif : ce livre, ces livres*, etc. *Ce* s'emploie encore comme pronom, remplaçant le nom *chose* ; alors il est suivi du relatif *qui* ou *que*, et fait, *ce qui, ce que*, pour : *la chose qui, la chose que*. Ainsi adjoint à l'un ou à l'autre de ces relatifs, *ce* est tantôt sujet, tantôt complément d'un verbe ; *sujet*, comme dans cet exemple : *Ce qui égare la jeunesse*, c'est de compter sur un avenir non moins rapide dans sa fuite, que le passé et le présent. *Complément :* En tout, préférez *ce qui n'a* rien de faux, rien d'affecté ; écoutez toujours *ce que* vous dit ce juge inséparable de votre être, *la conscience.*

DEUXIÈME RÈGLE. Quelquefois le pronom *ce* est séparé du relatif *qui*, par le verbe *être* et par un nom ou un pronom. Ex. : *C'est la religion qui* console l'homme dans le malheur ; *c'est elle qui* le soutient dans l'adversité.

Ici, le pronom *ce*, remplace toujours le mot *chose ;* telle est en effet la signification que lui donnent ces phrases, soumises à l'analyse et à une construction simple et naturelle. *La religion est la chose qui* console.... *elle est la chose qui le soutient....* Ces manières de parler, c'est la religion qui.... c'est elle qui.... sont elliptiques et dépendantes d'une construction figurée, ainsi que nous le verrons.

Troisième règle. Si, dans les phrases de cette nature, le verbe *être* est suivi d'un nom ou d'un pronom de la troisième personne, employés au pluriel, le verbe *être* prendra le pluriel. Ex. : *Ce sont les vertus* des peuples qui assurent la tranquillité des états ; *ce sont elles qui protégent* les lois. Cette règle est justifiée par l'analyse suivante : *Les vertus des peuples sont les choses ou les causes qui.... elles sont les causes qui* protégent les lois.

Quatrième règle. Si les noms ou pronoms qui suivent le verbe *être*, sont compléments d'une préposition, le verbe *être* reste au singulier. Ex. : *C'est aux vertus* du peuple que les états doivent leur tranquillité ; c'est *sur elles* que les lois trouvent leur plus ferme appui. *C'est dans ses foyers* qu'on trouve le bonheur.

Cinquième règle. Il y a trois autres cas où le verbe *être*, ainsi employé avec *ce*, reste au singulier.

1°. Dans les phrases interrogatives, on dit :

Est-ce vos camarades qui vous ont donné ce mauvais conseil? On ne dit point : *sont-ce vos camarades qui....?* Quelques écrivains cependant se permettent le pluriel *sont;* l'analyse, vos camarades *sont-ils ceux qui* vous ont donné, etc., semblerait l'autoriser ; mais l'usage en a fait le sacrifice à la prononciation désagréable et peu harmonieuse de ce pluriel suivi de *ce.*

2°. Devant les pronoms personnels de la première et de la seconde personne du pluriel. Ex. : *C'est nous qui ne cessons* de vous recommander de ne jamais vous soustraire aux lois de l'honneur; *c'est vous qui devez* obéir, quand l'honneur vous parle.

3°. Le verbe être reste au singulier devant plusieurs noms qui sont employés au singulier. *C'est Adolphe et Ferdinand* qui sont les plus appliqués de leur classe. *C'est l'économie et la vigilance* qui font les bonnes maisons.

Ici l'analyse voudrait *ce sont;* l'usage en a décidé autrement.

SIXIÈME RÈGLE. L'emploi de *ce* met quelquefois deux propositions sous la dépendance l'une de l'autre ; la première commençant par le pronom *ce,* la seconde qui en complète le sens, doit en être également précédée.-Ex. : *Ce qui me déplaît* souvent, *c'est de voir* la jeunesse accorder trop au sommeil, et se rendre ainsi complice du vol que le corps fait au travail. *Ce qui doit* vous faire aimer l'ordre, *c'est de voir* que tout dans la nature est soumis à ses lois.

SEPTIÈME RÈGLE. Dans ces manières de parler : *c'est du succès de vos études* que dépendent votre sort et le bonheur de votre famille; le nom *succès*, qui suit le verbe *être*, doit être *seul* précédé de la préposition *de*, pour être mis en rapport avec le verbe *dépendent*. Non-seulement il est inutile, mais encore ce serait une faute de répéter cette préposition devant le *que* suivant; on dira donc également : *c'est à vos parents que vous devez* le plus solide de tous les biens, l'instruction; et non pas comme on l'entend trop souvent : *c'est à vos parents à qui* vous devez, etc. Le *que* est ici conjonctif; par sa nature il ne peut donc être complément d'une préposition.

Huitième règle. Si le nom ou pronom qui suit le verbe *être*, n'a pas devant lui la préposition destinée à établir le rapport entre ce nom et le verbe suivant, alors il faut placer cette préposition avant *qui* ou *que;* la nature du verbe décide le choix de la préposition. Ex. : *Ce n'est pas votre patrie à qui* vous refuserez les services qu'elle attend de vous. *C'est vous dont elle recevra* les sacrifices qu'exigeront sa tranquillité et sa gloire. Il vaut mieux placer la préposition avant le nom, et dire : *ce n'est pas à votre patrie que....*

Neuvième règle. Dans les exemples précédents, le verbe *être* se trouve employé au présent de l'indicatif, lorsque le verbe de la seconde proposition est au futur. Il est mieux de mettre le verbe *être* au même tems que le second verbe; c'est celui-ci qui, comme verbe de la proposition principale, doit imposer la loi à tous les mots qui sont sous sa dépendance; on dira donc avec plus d'exactitude : *Ce ne sera*

pas à votre patrie que *vous refuserez....* ce sera
de vous qu'*elle recevra* les sacrifices....

DOUZIÈME LEÇON.

Des Pronoms indéfinis.

La grammaire, par les développements qu'elle
a donnés sur les différents pronoms indéfinis, a
laissé à la syntaxe peu de choses à dire sur cet
article. Quelques-uns de ces pronoms présentent cependant certaines difficultés étrangères
aux premiers besoins de la grammaire. Nous
allons passer en revue les quatre classes des
pronoms indéfinis.

PREMIÈRE RÈGLE. Dans la première classe,
le pronom indéfini *on* n'est jamais employé que
comme *sujet* collectif, avec un sens vague et indéterminé; il généralise le sens d'une proposition. Ex. : *On vit* pour travailler, comme *on
naît* pour mourir; sens général qui n'exempte
qui que ce soit du travail et du terme de la vie.

On particularise et limite l'étendue du sens
d'une proposition. Ex. : *On vit* souvent sans
travailler. Ici, ce n'est pas tout le monde, ce
n'est pas toujours qu'on vit sans travailler; *on*
limite donc dans cette seconde proposition, le
sens général et illimité de la première proposition : *on vit* pour travailler; cette proposition
généralise et ne fait aucune exception, lorsque
la seconde en admet.

Ce pronom prend encore dans cette manière de parler une signification particulière et précise ; en rencontrant un ami, on lui dira : Eh bien, comment *se porte-t-on* aujourd'hui ? A un élève, on demandera : S'en *est-on* bien donné dans cette récréation ? au moins, *a-t-on* bien récité ses leçons ? *s'est-on* appliqué à son devoir ?

DEUXIÈME RÈGLE. *On* veut être répété devant chaque verbe qui se trouve dans une même phrase. Ex. : Quand *on étudie* bien et qu'*on* se conduit bien, tôt ou tard *on* en recueille les avantages.

Mais il faut prendre garde, en observant cette règle, de changer l'objet sous lequel *on* a déjà été employé. Ex. : *On* apprend mal des vers qu'*on* n'a pas suffisamment expliqués à l'écolier. Cet exemple présente l'emploi de *on* sous deux objets ou pour deux personnes différentes : le premier sujet *on* se dit de l'écolier qui apprend mal des vers ; et le second sujet *on* s'entend du professeur qui ne lui a pas suffisamment expliqué ces vers. Il faut rectifier cette faute et dire : *un écolier apprend* mal des vers *qu'on ne lui a pas* suffisamment expliqués.

Quant aux autres règles qui concernent ce pronom, voyez la Grammaire, p. 67.

L'un et l'autre ; ou l'un ou l'autre ; ni l'un ni l'autre ; ces pronoms offrent quelques difficultés, quand on a à les employer comme sujets d'un verbe ; nous en parlerons à la leçon sur l'accord du verbe avec son sujet.

TROISIÈME RÈGLE. *Chacun;* ce pronom est difficile à bien employer dans ses dépendances avec *son, sa, ses, leur, leurs.* Tâchons de lever les difficultés qu'il oppose.

Peut-on dire : ces deux élèves ont oublié *chacun leurs chapeaux* dans la diligence d'Auxerre? non. Pourquoi? parce que le pronom adjectif, *chacun, chacune,* dans son emploi, présente comme séparés, un par un, les individus auxquels il se rapporte; en effet, dans l'exemple donné, *chacun* signale séparément chaque élève, comme ayant oublié, chacun pour son compte, le chapeau qui lui appartenait individuellement.

Le nom *chapeau* ne peut donc être employé au pluriel, puisqu'il ne s'agit que du chapeau que chacun d'eux avait dans la diligence, et non de tous les chapeaux que ces deux élèves avaient d'ailleurs en leur pouvoir.

Pourrait-on dire : ont oublié *chacun* leur chapeau (au singulier)? non, parce que *leur chapeau* pourrait être entendu pour *le chapeau* d'eux; ce qui indiquerait un seul chapeau pour tous les deux, et commun entre eux, que tous les deux ont oublié.

Pourra-t-on mieux dire : ces deux élèves ont *oublié chacun son chapeau?* non, le singulier, *son chapeau,* donnerait à penser, surtout après le pluriel, *ces deux élèves,* que c'est le chapeau d'un autre qu'ils ont oublié.

On évitera ces différentes équivoques, en prenant le pronom *chacun* pour sujet du verbe *oublier : chacun de ces deux élèves* a oublié *son chapeau* dans la diligence.... De même pour tous les cas de cette nature.

Quatrième règle. La règle précédente nous autorise, pour prévenir les contre-sens qui peuvent résulter du pronom *chacun,* dans ses rapports avec les possessifs de la troisième personne, d'admettre en principe général de placer toujours *chacun* au commencement de la phrase et comme sujet du verbe. D'après ce principe, nous pourrons dire, en nous adressant à plusieurs : Messieurs, voici le beau tems ; *que chacun de vous prenne son chapeau* pour la promenade.

M. le maire demande pour les pauvres de l'arrondissement ; *chacun de vous* donnera selon *son* avoir ; *chacun fera son aumône*, etc.

La seconde classe des pronoms indéfinis ne renferme que des pronoms toujours joints à un nom, et qui, considérés comme des adjectifs, n'offrent aucune difficulté.

Les pronoms indéfinis de la troisième classe ont été suffisamment expliqués. Nous reviendrons sur un seul, sur *même*.

La Grammaire n'a soumis le pronom *même*, qu'à deux manières d'être considéré, ou comme *adjectif*, ou comme *adverbe*.

Première règle. Comme adjectif, *même* marque *identité* ou *ressemblance* entre deux objets, ou de la même personne comparée avec elle-même, d'une époque à l'autre. Ex. : Votre mère est *la même* qu'elle était, il y a dix ans. Ces élèves sont en rhétorique *les mêmes* que je les ai connus dans les classes inférieures ; *même* honnêteté, *même* application, *mêmes* succès.

Cet hiver est loin d'être *le même* que l'année dernière. Ces deux volumes sont *les mêmes*, et tels que je vous les avais prêtés.

Deuxième règle. Nous avons considéré *même*, comme *adverbe* signifiant *aussi, égale-*

ment, *pareillement*, quand il était placé après un nom, après un adjectif, ou après un adverbe. Il faut rendre justice aux pauvres même, (*également*). Cet élève est étourdi et *même* fou quelquefois (*même*, pour *encore*, *et qui plus est*, ou *quelquefois*). Il faut être honnête, *même* en jouant, (*également en jouant*).

TROISIÈME RÈGLE. Nous ajouterons que *même* peut encore être considéré comme *adjectif*, lorsqu'il est placé immédiatement après un nom, pour relever et signaler avec plus de force ce que l'on dit des personnes ou des choses, en citant soit leurs qualités, soit leurs défauts. Ex. : Votre frère est la sagesse *même*; pourquoi ne l'imitez-vous pas? votre intérêt, votre honneur *même* vous en font un devoir; serez-vous sourd aux avis, aux prières *mêmes* de votre père?

Les différentes significations de *même* demandent à être bien saisies; alors, soit comme marquant *identité*, soit comme signifiant *aussi*, *également*, soit enfin comme employé pour ajouter à la valeur du nom après lequel il est placé, il sera facile de le constituer adjectif ou adverbe.

La quatrième classe des pronoms indéfinis nous rappelle les pronoms *quelque...... que*, *quel-que, tout...... que*.

Ces pronoms ont reçu dans la première partie tous les développements suffisants, page 72. Nous ajouterons cependant aux règles de *quelque...... que*, celle qui suit :

QUATRIÈME RÈGLE. Nous avons vu *quelque..... que*, variable devant un nom; invariable devant un adjectif, comme dans : *Quelque sages* que soient ces élèves; mais il ne faut pas confondre ce cas avec le suivant : *Quelques grands succès que vous obteniez dans vos études.* Dans *quelque sages* que...... *quelque* modifie véritablement l'adjectif *sage,* et signifie *quoique.* Dans *quelques grands succès* que...... *quelques,* adjectif, ne cesse pas d'appartenir au complément du verbe, règle d'après laquelle nous le faisons accorder. C'est comme s'il y avait : *Quelques succès grands* que..... ou *quelque nombreux et grands succès* que vous ayez. Tel est le vrai sens de cette phrase; sens qui serait tout-à-fait détruit, si l'on donnait à *quelques* la valeur de *quoique,* parce qu'il est placé devant un adjectif qui est ici un second qualificatif de *succès,* qualificatif marquant l'étendue, l'importance; tandis que le premier qualificatif *quelques* marque la quantité.

TREIZIÈME LEÇON.

Du Verbe.

La Grammaire, page 79 et suivantes, a donné à ce mot, l'âme du discours, les premières explications convenables à la suprématie du verbe, au pouvoir qu'il exerce sur le tems en général, sur les actions qui en remplissent les époques, et sur toutes les autres parties du discours qui lui doivent le mouvement et la vie. Cependant le verbe, dans ses hautes fonctions, s'impose à lui-même et dans ses rapports avec les mots qui l'accompagnent, des règles qui ont paru encore inutiles à la grammaire, et dont elle a confié l'exposé à la syntaxe, qui va s'en occuper.

SUJET DU VERBE.

Accord du verbe avec son sujet.

Nous avons vu ce qu'on entendait par le sujet d'un verbe, page 80. Parlons de l'accord du verbe avec un ou plusieurs sujets, et posons comme principe général, *que tout verbe s'accorde en nombre et en personne avec son sujet.*

Première règle. Quand un verbe a pour sujet un des pronoms personnels de la première, ou de la seconde, ou de la troisième, il se soumet à l'accord avec ce pronom, soit au singulier, soit au pluriel. Exemple : *J'écoute, tu lis, il dessine; nous écoutons, vous écrivez, ils* ou *elles récitent.*

Deuxième règle. Si le pronom personnel se trouve séparé du verbe par le pronom relatif *qui;* autrement, si ce relatif avait pour *antécédent* un des pronoms personnels, cet antécédent impose sa personne au relatif, et celui-ci la transmet au verbe dont il est le sujet, conformément au principe général qui commande aux pronoms de représenter sous tous les rapports de signification, de genre, de nombre et de *personne*, le nom qu'ils remplacent et auquel ils se rapportent.

D'après ce principe, évitons donc cette faute trop commune : C'est *moi qui, le premier, vous a annoncé* cette nouvelle; *c'est moi qui, la première, a deviné* cette énigme.

Dans ces deux exemples, les deux relatifs *qui*, ont pour antécédent le pronom *moi*. Le premier *moi*, du masculin singulier et de la *première personne*, est l'antécédent du relatif; il lui impose donc ces trois modifications, et à son tour le relatif, comme sujet immédiat du verbe, les lui transmet. La même explication s'applique au second exemple; on dira donc : *C'est moi qui, le premier, ai annoncé.....* *C'est moi qui, la première, ai deviné* cette énigme; *c'est nous qui, les premiers, avons aperçu* l'arc-en-ciel.

Par la même raison, on dira : Toi, mon ami, *qui trouves* ton plaisir dans l'étude; vous, mes amis, qui *trouvez* votre plaisir dans l'étude.....

Troisième règle. Le verbe peut avoir pour sujet, à la troisième personne, un ou plusieurs noms. Si le verbe n'a qu'un sujet, il se met au singulier. Ex. : Ernest *joue*, tandis qu'Adolphe *dort*. La sagesse *conduit* au bien.

Si le verbe a plusieurs sujets, il se met au pluriel. Ex. : *Ernest, Adolphe et Ferdinand jouent* plus qu'*ils* ne *travaillent. La vertu et le vice sont* contraires.

Quatrième règle. Quand un verbe a plusieurs sujets de différentes personnes, il se met au pluriel, et prend la première de ces personnes. Ex. : *Vous et moi*, du même âge, *nous courrons la même carrière; vous et lui, vous vous suivrez* dans vos classes. *Votre frère et vous, vous n'aurez* pas cet avantage.

Cinquième règle. Quand deux noms se trouvent joints par la conjonction alternative *ou*, un des deux noms est déclaré, par là même, étranger à l'action du verbe; un seul y prend part; le verbe n'ayant donc que lui pour sujet, se mettra au singulier. Cette règle diffère bien de la précédente qui, par la conjonction *et* entre deux sujets, les associe dans la même action. Ex. : *Nourrit ou Martin* chantera au concert que *Vidal* et *Picci*, artistes célèbres, donneront au profit d'un confrère malheureux. Dans *Nourrit ou Martin* chantera, il est évident que la conjonction *ou* annonce que ce sera un seul des deux qui chantera, et non tous les deux; donc il faut *chantera*.

Dans le second membre de l'exemple, *Vidal* et *Picci*, la conjonction *et* fait le contraire; loin de séparer les deux individus, comme la conjonction *ou*, elle associe à la même action *Vidal* et *Picci*; deux sujets veulent le verbe au pluriel, on dira donc *donneront*.

SIXIÈME RÈGLE. Quand la conjonction *ou*, au lieu d'être placée entre deux noms, se trouve entre deux pronoms, quelques grammairiens ont approuvé l'exception que l'usage a faite à la règle précédente, et ils ont autorisé ces manières de parler : *Ou vous ou moi, remporterons le prix; ou mon frère ou moi, l'enlèverons à notre rival.* Il est certain qu'il répugne de dire : Ou vous ou moi, *je remporterai* le prix; ou mon frère ou moi, *je l'enlèverai* à notre rival; car, après avoir reconnu par l'alternative, *ou vous ou moi, remporterons le prix*, qu'un autre est capable avec moi de l'obtenir, ne serait-ce pas l'exclure, et m'approprier à moi seul l'honneur de cette victoire, en disant : *Je l'emporterai, ce prix?*

D'un autre côté, le verbe au pluriel, ou *vous ou moi remporterons* le prix, etc., semble indiquer que plusieurs individus se partageront l'action du verbe, tandis qu'un *seul* remportera le prix, et l'enlèvera au rival. Or, comment consentir à mettre au pluriel un verbe qui n'a qu'un seul sujet?

Ayons donc recours à une autre manière de rendre la même idée, sans violer la loi de l'accord, en préférant ces phrases: *Un de nous deux* remportera le prix; *un de nous deux*, de mon frère ou de moi, l'enlèvera à notre rival.

SEPTIÈME RÈGLE. *L'un et l'autre, ni l'un ni l'autre ; l'un et l'autre savent* réprimer l'ardeur de leurs désirs; il est clair que, dans *l'un et l'autre*, il existe deux individus qui partagent l'action du verbe et qui, comme sujets de ce verbe, lui imposent le pluriel.

Il en est de même pour *ni l'un ni l'autre ; ni l'un ni l'autre ne savent réprimer leurs désirs ;* il est évident que cette phrase ne diffère de la première affirmative, que par le sens négatif que lui oppose ce second exemple; en effet, c'est comme si l'on disait: *L'un et l'autre ne savent pas* réprimer, etc. Avec *ni l'un ni l'autre,* il y a donc également deux sujets, qui ne partagent pas l'action du verbe et qui le veulent au pluriel, d'après cet axiome grammatical : *deux singuliers valent un pluriel.* On oppose à ce principe quelques exemples, tel que celui-ci : *De ces deux dames* qui, comme vous le voyez, me comblent de bontés, *ni l'une ni l'autre n'est ma mère.* Il est certain qu'ici la pluralité répugne; car de même que l'on ne peut avoir deux mères, l'on ne peut pas dire : *ni l'une ni l'autre ne sont ma mère.* Recourons donc à une autre phrase qui rende le même sens et sauve le principe : *De ces deux dames* qui me comblent de bontés, *aucune n'est ma mère.*

(*Nota.*) Si notre langue offre quelquefois des constructions bizarres et des tournures équivoques, elle n'est pas moins fertile en moyens de les éviter. Toujours on la trouve disposée à s'aider d'elle-même pour vaincre la difficulté et sauver le principe.

NOMS COLLECTIFS, NOMS PARTITIES.

HUITIÈME RÈGLE. Déjà nous avons été dans le cas de dire que tout collectif général, sujet d'un verbe, voulait ce verbe au singulier, de quelque nom ou singulier ou pluriel que soit suivi ce collectif. Exemple : *La foule des habitants* s'est portée au-devant du vainqueur. La *masse* de nos élèves a suivi la marche et a complimenté le héros.

Le collectif présente l'objet principal et dominant de l'idée. Dans le nom partitif, au contraire, c'est le nom dont il est suivi, qui détermine le sens et qui agit sur ce verbe, c'est donc ce second nom qui lui fixe le singulier ou le pluriel; ex. : Une *partie de nos élèves jouent* aux barres, tandis que d'autres jouent à la balle.

Nous avons des adverbes partitifs qui comme le nom, *la plupart*, sous-entendent après eux le nom de la totalité dont ils désignent une partie. Ce nom, quoique sous-entendu, ne perd pas ses droits sur le verbe ou sur l'attribut qui suit. Exemple : *Peu* désirent plus les jours de classe que les jours de congé ; *la plupart* sont indifférents au jeu comme au travail ; *beaucoup* aiment à sortir, et une fois dans leur famille, *combien* s'ennuient et se fatiguent de leur oisiveté ! Peu *désirent*, pour *peu d'élèves;* la plupart *sont*, pour *la plupart des élèves sont;* beaucoup *aiment*, pour *beaucoup d'élèves aiment*, combien *s'ennuient*, pour *combien d'élèves*, etc.

Neuvième règle. Quand plusieurs sujets multiples, c'est-à-dire qui multiplient l'action du verbe autant qu'il y a de sujets individuels, sont suivis d'une expression qui semble les renfermer tous, tels que *tout*, *rien*, le verbe s'accorde avec ce dernier sujet. Exemple : Les plaisirs du monde, les folies du siècle, les frivolités de mon âge, *rien* ne pourra m'arracher à mes études ; devant l'implacable mort, gloire, projets, fortune, amis, *tout* disparaît.

Dixième règle. Le présent de l'infinitif s'emploie comme sujet d'un autre verbe : *Mentir est* chose honteuse ; *corriger une habitude*, n'est pas chose facile.

Quelques grammairiens refusent à plusieurs infinitifs, joints ensemble comme sujets d'un verbe, la faculté de lui imposer le pluriel, comme ne pouvant par leur nature prendre euxmêmes le pluriel. Mais, lorsque plusieurs noms sont employés au singulier, comme sujets d'un verbe, est-ce la faculté qu'ils ont de prendre le pluriel, qui leur donne celle d'imposer le pluriel au verbe qui suit ? Non, c'est comme formant plusieurs sujets qui partagent l'action ou l'attribut qui suit ; c'est enfin comme soumis à l'axiome grammatical : *deux singuliers valent un pluriel;* forts de ce principe, nous croyons pouvoir dire : *Boire, manger* et *dormir* sont les hautes occupations de ce paresseux.

QUATORZIÈME LEÇON.

Place du Sujet.

Nous avons déjà dit, dans la leçon des pronoms personnels, que la place naturelle du sujet était avant le verbe; mais nous avons annoncé beaucoup d'exceptions, beaucoup de cas qui exigeaient que le sujet se plaçât après le verbe. Ce sont ces différents cas qui vont faire l'objet de cette leçon.

Première règle. 1°. Les pronoms personnels, ainsi que *on* et *ce*, sont placés après le verbe dans les phrases interrogatives; ex. : Ernest *a-t-il* fait ses devoirs? *avez-vous récité* vos leçons? *est-on content* de vous? *est-ce vous* qui avez fait ce dessin?

2°. Les pronoms relatifs *qui, que,* comme nous l'avons vu, deviennent interrogatifs, quand ils sont dégagés de tout antécédent; ils se placent avant le verbe dans les phrases interrogatives, ou comme sujet, ou comme complément direct ou indirect. Ex. : *Qui vous* interroge? *qui* demandez-*vous?* à *qui* en voulez-*vous? que* cherchez-*vous?* à *que* ou à *quoi* vous occupez-*vous? que* peut *le malheur* contre toi? ton arme est la vertu.

3°. *Quel, quelle,* pronoms interrogatifs de

leur nature, commencent une phrase, et avec eux comme avec les précédents, le sujet se met après le verbe. *Quel* livre lisez-*vous? quelle* leçon réciterez-*vous? quelles* sont vos résolutions?

4°. Certains adverbes et quelques conjonctions commencent également une phrase interrogative, et le sujet se met après le verbe. *Combien* avez-*vous* acheté ce livre? *combien* vous a coûté *cette montre? où* allez-*vous* après la classe? quand rentrerez-*vous*? jusqu'à quand négligerez-*vous* les mathématiques?

Deuxième règle. Dans les phrases qui expriment la citation de l'auteur d'un ouvrage, d'une pensée, d'une opinion, le sujet se met après le verbe. Ex. : Se croire un personnage (dit *La Fontaine*) est fort commun en France. On ne vit bien pour soi, dit *un philosophe*, qu'en vivant pour les autres.

Troisième règle. Le sujet se met après le verbe, quand il est tellement composé, que le verbe serait éloigné de manière à rendre le sens douteux, lent et sans grâce. Ex. : Admirez dans cet élève, vrai modèle de sagesse, ce calme dont jouit constamment *son innocence au printems même de la vie*. Quelle différence de cette construction avec celle du sujet avant le verbe! Admirez ce calme dont *son innocence au printems même de la vie* jouit constamment. Autre ex. : Asile paternel où je reçus le jour; campagne chérie où réside *la paix des champs*; douce solitude qu'embellissent *prés fleuris, clairs ruisseaux, beaux vergers, frais ombrages*.... Ces phrases perdront toute leur grâce en plaçant les verbes après les sujets.

QUATRIÈME RÈGLE. Le sujet se met après le verbe, quand il est précédé des mots, *aussi, autant, peut-être, encore, en vain, à peine,* etc.

Ex. : Vous avez perdu votre tems ; *aussi* en avez-*vous* des regrets ; *en vain* prétendez-*vous* ne pas travailler ; *à peine* pouvez-*vous* juger ce qui vous convient, et *peut-être* avez-*vous* la prétention de prononcer sur votre état ; *du moins* saurez-*vous* prendre les conseils de vos parents ; *encore* faut-*il* que vous reconnaissiez leur autorité.

Il en est de même dans ces manières de parler ; mais *dussè-je* vous contraindre à remplir vos devoirs par la sévérité, si vous résistez à la puissance de la raison ; *puissè-je* ne pas être obligé d'affliger vos parents.....

Dans *puissè-je, dussè-je, pensè-je,* etc., l'*È* est ouvert ; il exige un accent grave.

CINQUIÈME RÈGLE. Avec l'emploi de *ainsi, tel,* au commencement d'une phrase, le sujet se met après le verbe ; ainsi répondez-*vous* à vos maîtres, quand ils vous parlent même avec douceur ; ainsi vous comporterez-*vous* toujours ; car *telle fut votre conduite* dans vos premières classes ; *tel fut votre début* au collége, *telle sera votre fin.*

SIXIÈME RÈGLE. Dans l'expression du désir, dans l'ardeur des vœux, le sujet se met après le verbe. Ex. : *Vive le roi!* vivent *les rois* qui regardent l'indulgence comme le plus beau de leurs droits ! puisse *le ciel* répandre ses faveurs sur vos études ! puissions-*nous* nous glorifier un jour de vos succès ! puissent *nos vœux* s'accomplir ! vous serez bon fils, bon Français, bon père.

QUINZIÈME LEÇON.

Des Compléments des verbes.

Dans nos premières leçons sur le verbe, nous avons parlé des *compléments*, comme parties essentielles qu'il fallait préliminairement connaître, afin d'aider l'intelligence des fonctions des différents verbes. Cependant nous reviendrons sur cet article, qui a besoin d'être complété par quelques règles.

Les grammairiens ont varié sur le nom à donner au mot sur lequel un verbe agit directement ou indirectement. Les uns ont conservé pour notre langue le nom de *régime*, qu'emploient le latin et toutes les langues, dont les noms se déclinant, sont gouvernés ou régis à tel ou tel cas, par le verbe qui exerce une action sur eux. Le français n'admettant point de cas pour les noms, et leur terminaison restant toujours la même, nous avons pensé que le nom de *régime* ne convenait pas assez pour exprimer tout ce que le verbe attend et reçoit du mot sur lequel même il exerce un pouvoir, pour *compléter* sa signification.

Cette dernière considération nous a fait regarder également comme insuffisant le nom de *terme de l'action*, que d'autres grammairiens donnent au mot sur lequel agit le verbe.

D'autres qualifient ce mot d'*objet* du verbe ; mais un mot peut être l'objet d'un autre, sans rien ajouter à sa valeur et à sa signification. De plus, ce mot *objet* est si souvent employé en grammaire pour indiquer un être quelconque, animé ou inanimé, qu'il apporte de la confusion dans des têtes jeunes, et encore peu exercées sur le sens des mots, ainsi que nous avons eu occasion de le remarquer, notamment sur ce mot *objet*, un peu vague par lui-même.

La facilité avec laquelle les étudiants nous ont paru saisir la dénomination de *complément*, nous l'a fait préférer ; en effet, le mot que nous qualifions ainsi, tout soumis qu'il est à l'action d'un verbe, a l'avantage d'en compléter le sens et la signification ; quand je dis : *Je donne*, cette expression est vague, elle est incomplète, elle provoque la demande, *quoi ?* ma réponse, *un prix*, détermine le sens du verbe, et en complète la signification en complétant mon idée.

Nous appliquons de même le nom de *complément* au mot qui suit une préposition, et que le latin appelle régime de la préposition. Ce mot qui suit la préposition, en complète le sens et la signification : je travaille *dans.... avec....* voici deux prépositions privées de toute détermination ; j'en complète le sens, en leur ajoutant : *dans la salle d'étude, avec mes condisciples.*

Nous préférerons donc le qualificatif *complément*, par tous les avantages supérieurs qu'il offre sur tous les autres à l'intelligence des étudiants.

Nous rappellerons la distinction de *complé-*

ment direct et de *complément indirect*. Mais dans nos premières leçons sur ces dépendances du verbe, nous avons rencontré des intelligences auxquelles ces expressions, *direct* et *indirect*, présentaient quelques difficultés; nous nous sommes permis de leur substituer momentanément les dénominations de *primaire* et de *secondaire*. Nous avons donc appelé *complément primaire* le mot sur lequel le verbe agit en premier lieu, et qui le premier encore en complète la signification; *complément secondaire*, celui qui complète en second lieu la signification du verbe.

Arrivé à la syntaxe, l'écolier le plus difficile est assez exercé sur la valeur et la signification des expressions de *direct* et d'*indirect*, pour s'en servir exclusivement.

PREMIÈRE RÈGLE. La place naturelle des compléments est après le verbe, sauf quelques cas particuliers qu'autorisent *l'inversion* et le bon goût, ainsi que nous le verrons dans les leçons sur la construction des propositions et des phrases. En voici un exemple : *La gloire* de l'homme, la mort la termine; *ses biens*, elle les lui ravit; *ses amis*, elle les disperse; *seul*, sans appui, sans défense, elle l'entraîne.... *gloire, biens, amis, seul*, autant de compléments directs placés avant le verbe, et qui donnent à la pensée une force qu'elle n'aurait pas, s'ils étaient placés ainsi dans l'ordre naturel des idées : la mort termine la gloire de l'homme; elle lui ravit ses biens, elle disperse ses amis; elle l'entraîne seul, sans appui, sans défense......

Deuxième règle. Il est assez ordinaire qu'un verbe ait un complément direct et un complément indirect; on demande lequel des deux occupera la première place, immédiatement après le verbe? L'ordre des idées doit encore ici servir de règle. Le complément direct prendra la première place, et il ne la cédera au complément indirect, que dans ces deux cas : 1°. Quand il est plus composé et plus étendu que le complément indirect; ex. : Le sage sait sacrifier *à l'étude les plaisirs* qui ne laissent qu'un long et funeste regret. *A l'étude*, complément indirect *simple; les plaisirs qui ne laissent.....* complément direct; comme *composé,* il a cédé sa place à l'indirect.

Troisième règle. Si les deux compléments sont également composés et étendus, le direct reprend sa place, à moins qu'il n'y produise avec l'indirect un sens faux et à double sens; comme dans l'exemple suivant : J'ai envoyé *la lettre que j'ai écrite, à la poste qui est* éloignée de mon domicile. Le complément direct, *la lettre que j'ai écrite,* en conservant la première place, présente un sens faux, en donnant à penser que la lettre a été écrite à la poste..... Dans ce cas-ci et en tout autre pareil, donnez la première place au complément indirect, et le faux sens disparaîtra : J'ai envoyé *à la poste* qui est éloignée de mon domicile, *la lettre que* j'ai écrite.

Quatrième règle. Quelquefois le même complément est subordonné à deux verbes qui exercent différemment leur action sur lui; alors il faut donner à chaque verbe le complément tel qu'il lui convient. Évitons donc de dire, ainsi qu'il arrive souvent dans la vivacité de la conversation : *J'aime et je m'applique bien à mon travail ;* en effet, vous paraissez *méditer* et *vous acquitter plus fidèlement de vos devoirs* de classe. Il faut dire : *J'aime mon travail* et *je m'y applique bien ;* en effet, vous paraissez *méditer vos devoirs* de classe, et *vous en acquitter* plus fidèlement. La raison en est que dans le premier exemple, *J'aime*, ce verbe veut un complément direct ; *je m'applique*, veut au complément indirect la chose à laquelle on s'applique.

Dans le second exemple :

Méditer, veut un complément direct.

Et *vous en acquitter ; acquitter* veut le nom de la chose au complément indirect.

Un verbe a ordinairement pour complément ou un nom, ou un pronom, ou l'infinitif d'un autre verbe, ou même une proposition entière.

Nous venons de voir le nom comme complément, et la place qu'il peut occuper suivant ses rapports avec le complément indirect.

CINQUIÈME RÈGLE. Les pronoms, comme compléments directs, se placent toujours devant le verbe ; nous avons vu aux leçons des pronoms, que ceux qui remplissent les fonctions de complément, sont les pronoms personnels, *me, te, se, nous, vous, la, les, lui, leur,* les relatifs *qui, que, dont,* et les interrogatifs *qui, que, quel, quelle.* Ces pronoms employés ou comme compléments directs, ou comme compléments indirects, sont toujours placés avant le verbe. Les possessifs relatifs, *le mien, la mienne, le nôtre*, etc., et les prénoms démonstratifs, *ce-lui-ci*, *celui-là*, *ceux-ci*, *ceux-là*, *ceci*, *cela*, peuvent être employés comme compléments, mais ordinairement placés après le verbe; ex.: Je préfère mon livre *au vôtre*; de ces deux campagnes, j'aime mieux *celle-ci* que *celle-là*; voulez-vous de *ceci?* je préfère *cela*. Je *me* plais dans mes devoirs; l'étude *nous* procure des jouissances *dont* nous *nous* félicitons tôt au tard. L'émulation soutient votre rival; elle *l'a-nime*; elle *lui* inspire de l'ardeur; elle l'aide à vaincre cette timidité *que* l'on doit combattre dès l'enfance. Vous *que* l'étude appelle, et *que* l'honneur enflamme, etc., aspirez aux cou-ronnes.

Il est facile à l'élève, avec le degré de son instruction une fois arrivée à ce point, de dis-tinguer dans ces exemples, les compléments directs et les compléments indirects.

Sixième règle. Un verbe peut avoir pour complément direct et indirect l'infinitif d'un autre verbe. Exemple : Le fat *veut plaire*, et n'aime que soi-même; le jeune homme modeste *sait plaire*; seul aussi il sait *intéresser*. *Plaire*, *intéresser*, deux infinitifs compléments des verbes *veut* et *sait*.

Dans toute discussion, l'homme sage préfère *s'arrêter à discuter*. *S'arrêter*, complément di-rect; à *discuter*, infinitif, complément indirect.

Septième règle. Souvent une proposition en-tière sert de complément à un verbe; exemple : L'âge nous apprend *que la patience allége le poids* des maux; n'oubliez jamais *que le vieillard peut par son expérience et par ses conseils éclairer* votre jeunesse. Dans le premier exemple , si je fais la question : qu'est-ce que l'âge nous apprend? la réponse sera : *que la patience allége le poids des maux.*

Dans le second exemple, la réponse à cette question : *n'oubliez pas , quoi? que le vieillard peut par ses conseils.....* Ces propositions complètent donc le sens du verbe qui tient chacune d'elles sous sa dépendance; donc un verbe peut avoir une proposition pour complément direct.

On pourrait, en supprimant le *que*, employer l'infinitif du verbe qui suit; on aurait, comme dans la règle précédente, un infinitif pour complément direct; *n'oubliez jamais le vieillard pouvoir par ses conseils éclairer votre jeunesse, etc.* Opérant de même sur le premier exemple, on aura : *l'âge nous apprend la patience alléger* le poids des maux.

Cette règle peut éclaircir dans le latin la règle du fameux *que retranché* , véritable épouvantail des commençants.

HUITIÈME RÈGLE. Les règles précédentes nous montrent qu'un infinitif peut être le complément d'un autre verbe, sans que cet infinitif soit joint au précédent par une préposition; ainsi nous avons dit : Le fat *veut plaire;* le modeste *sait intéresser;* l'homme sage *préfère s'arrêter* , etc. Plusieurs verbes peuvent de même être suivis d'un infinitif sans prépositions intermédiaires; on dira donc : *J'aime mieux travailler; je m'imagine m'ennuyer* beaucoup moins. *Je saurai tuer* le temps par mon travail; *je ferai acheter* des livres, etc.

Mais il est des verbes qui demandent à être mis en rapport avec un infinitif, par une des deux prépositions *à* ou *de*. La préposition *à* s'emploie principalement pour les verbes qui renferment et qui expriment le goût, le penchant et l'entraînement vers une autre action. Ainsi l'on dit : *Aimer à étudier*, plutôt *qu'à danser ; autoriser un élève à sortir ; répugner à punir*, quand la raison se *décide à rentrer* dans l'ordre ; *exhorter à donner* le bon exemple ; *n'hésitez pas à le suivre*, etc.

Il est d'autres verbes qui exigent la préposition *de* pour exprimer leur rapport avec le verbe qui précède ; exemple : *Dépêchez-vous de terminer* vos classes, mais *craignez de les achever* sans honneur ; *ne dédaignez pas de sacrifier* au travail le peu de temps qui vous reste ; *ne désespérez pas de vaincre* vos rivaux , *ne différez donc pas de les attaquer*, etc.

Enfin il est des verbes qui ont le choix ou de la préposition *à*, ou de la préposition *de ;* tels que les suivants : *Continuez à* ou *de bien travailler ; empressez-vous à* ou *de vous rendre* capable de prendre l'état de votre père ; *ne tardez pas à* ou *de soulager* sa vieillesse ; *forcez-le*, par la sagesse de votre conduite, *à* ou *de vous donner* sa confiance, etc.

C'est le sens de la phrase, c'est la circonstance dans laquelle on emploie les verbes de cette nature, c'est enfin le goût qui doivent décider la préférence d'une préposition sur l'autre.

SEIZIÈME LEÇON.

Verbes qui peuvent avoir indistinctement pour complément direct ou indirect un nom de personne ou un nom de chose.

PREMIÈRE RÈGLE. 1°. Le complément *direct* pour plusieurs verbes, peut être indistinctement ou un nom de *personne* ou un nom de *chose*.

2°. De même, le complément *indirect* peut être pour plusieurs verbes, ou un nom de *personne*, ou un nom de *chose*; ainsi on peut dire : Je veux par mon travail *combler mon père de satisfaction;* autrement : Je veux par mon travail *combler la satisfaction* de mon père.

DEUXIÈME RÈGLE. 1°. Il est d'autres verbes qui ne prennent qu'un nom de *personne* pour complément *direct*, et un nom de *chose* pour complément *indirect*. Exemple : Tâchez donc de *consoler vos parents* que votre conduite afflige vivement. On ne dit pas : *Consoler quelque chose,* mais *consoler de quelque chose;* je tâche *de consoler votre ami de la perte* que sa fortune vient d'éprouver.

2°. Certains verbes ne prennent pour complément *direct* qu'un nom de *chose*, et pour complément *indirect* qu'un nom de *personne*. Exemple : Un père a le droit d'*ordonner à ses enfants l'application* dans leurs études, *et la docilité* envers ceux à qui il a remis ses pouvoirs et sa confiance.

On dit : *Ordonner quelque chose à quelqu'un,*

et non, *ordonner quelqu'un*, si ce n'est dans le sens d'ordonner un ecclésiastique, lui conférer le sacerdoce ou l'épiscopat; avec cette signification, ce verbe est actif et prend un nom de personne pour complément *direct*.

(*Observation.*) Nous donnons ici quelques verbes dont l'usage se présente plus fréquemment, et qui demandent attention dans l'emploi de leurs compléments.

Aider a deux significations : 1°. *Aider quelqu'un* dans un travail, dans telle ou telle fonction, ou en personne, ou par conseils; alors ce verbe prend pour complément *direct* un nom de personne : Entreprenez cette histoire, *je vous aiderai* dans vos recherches.

2°. *Aider* se dit pour quelqu'un qui réclame des secours dans un ouvrage pénible et forcé, pour lequel ses seuls moyens sont insuffisants. Ma voiture a été renversée, *aidons à mon cocher à la relever.* Ici, *aider* met le nom de la personne au complément *indirect*.

Assurer prend pour complément direct une personne ou une chose. Le moyen d'*assurer vos parents* de toute votre reconnaissance, c'est de profiter de leurs bienfaits; c'est d'*assurer à vos maîtres que vous répondrez* à leurs leçons. On dit : *assurer* quelqu'un de toute sa considération, comme on dit *assurer* à quelqu'un tous ses efforts pour lui être utile.

Essayer se dit des choses et ne prend point un nom de personne pour complément direct. *Essayer un habit; essayer le dessin, de dessiner, de graver.* L'infinitif, en pareil cas, se joint par la préposition *de*.

On dit bien quelquefois, dans le style familier : *Essayer quelqu'un*, comme à un domes-
tique qui postule une place : Entrez toujours ;
je vous *essaierai*..... Il y a ici ellipse ; on veut
dire : J'*essaierai* votre service, je vous mettrai
à l'*essai*.

Faire. Ce verbe est souvent employé dans le
second membre d'une phrase, pour éviter la
répétition d'un verbe déjà employé dans le premier membre. Ex. : Les rhétoriciens doivent
s'appliquer et se conduire cette année, aussi bien
que *l'ont fait leurs* prédécesseurs (et non pas,
ainsi qu'ont fait).

Mais le verbe *faire*, qui, par sa nature, désigne action, ne doit jamais remplacer le verbe
être, ni les verbes neutres, ni aucun qualificatif. On ne dira donc pas : Mon aîné est studieux,
j'en *veux faire autant ;* dites : *Je veux l'être* de
même. Cette dame vient de mourir dans les sentiments de sa religion ; quand mon heure sonnera, je veux *en faire autant ;* il faut : *Je veux
l'imiter ;* je veux *mourir* dans les mêmes dispositions.

Faire, placé devant l'infinitif d'un verbe
neutre, a la faculté de lui communiquer sa
puissance active, et de former avec lui une seule
et même idée, une seule et même expression,
ainsi que nous l'avons dit pour la formation
des noms composés, qui, formés de plusieurs
mots avec un sens différent, ne présentent plus
qu'une idée et qu'une même expression.

Par cette faculté du verbe *faire*, de partager
sa valeur active avec l'infinif neutre qui suit, il
le rend apte à recevoir un complément direct ;
ainsi on ne dirait pas *dormir quelqu'un*, *tom-*

'ber *quelqu'un*, *mourir quelqu'un*; précédés du verbe *faire*, ils formeront ensemble comme un verbe composé avec puissance active, et l'on dira : Cette pierre a déjà *fait tomber quelqu'un*; cette potion a *fait dormir le malade*, mais l'abus de ce remède l'a *fait mourir*.

On pourrait appliquer cette règle au verbe *laisser* devant un infinitif. On reconnaîtra l'utilité de cette règle pour ces deux verbes, dans un des cas des participes passifs.

Insulter emploie le nom de la personne au complément *direct* et au complément *indirect*. On dit : *insulter* quelqu'un, lui dire des injures, lui adresser des paroles malhonnêtes, etc. Alors, il veut le complément direct. Ex. : Il est du plus mauvais ton d'*insulter* son semblable, quel qu'il soit, et surtout celui qui vit pour nous servir.

Insulter veut le nom de la personne au complément indirect, lorsqu'il signifie oubli de ce que l'on doit à la position de quelqu'un, à l'état qu'il exerce, à sa position physique ou morale, aux mânes de son semblable, etc. Ex. : Jeune homme, *n'insultez point aux malheureux, aux infirmes, à ce vieillard* qui n'a point à se reprocher les torts qui déjà flétrissent votre jeunesse.

Persuader. Ce verbe prend également pour complément *direct* ou *indirect* le nom de personne ou d'une chose. Ex. : *Persuadez votre cadet* de la nécessité de l'étude; autrement : *Persuadez à votre cadet* la nécessité de l'étude.

Rappeler. Ce verbe est communément exposé à des fautes de la part des personnes qui l'emploient. Sans cesse on entend dire : *Je m'en rappelle*. Le verbe *rappeler* veut le nom de la personne au complément *indirect*, et le nom de la chose au complément direct; il faut donc dire : *Je me le rappelle*, ou *je rappelle cela à moi*.

La faute de *je m'en rappelle* devient bien plus sensible dans l'emploi d'une autre personne que la première. Ex. : Votre frère m'a promis le dessin qu'il fait dans ce moment; *vous l'en rappellerez*. Le plus ignare dans sa langue dira : *Vous le lui rappellerez*. Pourquoi la première personne serait-elle dispensée de se conformer à cette règle ?

Suppléer. Ce verbe signifiant *remplacer*, prend indistinctement pour complément *direct*, un nom de personne ou un nom de chose. Ex. : *Je vous suppléerai* dans votre classe; mais je ne vous réponds pas *d'y suppléer votre talent et votre zèle.*

Suppléer emploie seulement le nom de chose au complément *indirect*. Ex. : L'élève jaloux de son avancement, tâche de *suppléer à l'insuffisance* de ses moyens, par la persévérance dans son application.

COMPLÉMENT DES VERBES PASSIFS.

Le complément des verbes passifs est toujours précédé d'une des prépositions *de* ou *par*; c'est au goût à en déterminer le choix. La seule règle qu'on puisse proposer, se borne à dire que la préposition *de* est préférable, quand il s'agit d'un acte et d'un sentiment de l'âme, étranger à toute action physique. Quelques exemples répandront un jour sur cette règle, qui n'est pas sans quelque subtilité métaphysique : Un bon père *est aimé et estimé de ses enfants;* un bon fils *est chéri de sa mère.* La vertu *est appréciée de tout le monde.* Si j'employais le passif *est recher-chée*, je préférerais la préposition *par*, attendu que ce verbe porte avec lui l'idée d'une action morale au moins, qu'occasionne toute recherche.

C'est dire à l'avance que la préposition *par* s'emploie là où il y a mouvement et action extérieure. Ex. : Ferdinand *a été frappé par* Adolphe; le premier prix de la classe *a été remporté par* Ernest; Emile *a été fait prisonnier aux barres par* Charles, etc.

COMPLÉMENT DES VERBES NEUTRES.

Le verbe neutre, ainsi que nous l'avons annoncé dans la définition de ce verbe, tient sa neutralité de son sujet, étranger à toute action transitive; or, là où il n'y a ni sujet agissant, ni action sur aucun objet quelconque, il n'y a point de complément; donc les verbes neutres sont *sans complément direct* ou *indirect*.

Si quelquefois certains noms, placés avant ou après un verbe neutre, paraissent remplir le rôle d'un complément direct, il y a toujours une préposition sous-entendu et dont ces noms sont compléments; ex. : J'ai demeuré dix années au collége; ôtez l'ellipse et vous aurez : *J'ai demeuré pendant dix années* au collége. *Les dix années que j'ai vécu* au collége, ont paru bien longues à ma paresse; dites : Les dix années *pendant lesquelles j'ai vécu.* Les fossés *que* ce chasseur a sauté en courant *un cerf*, c'est dire : Les fossés par-dessus lesquels ce chasseur a sauté en courant après un cerf.

COMPLÉMENT DES VERBES RÉFLÉCHIS.

Nous savons que dans les verbes réfléchis, le sujet et le complément de l'action indiquent la même personne. Mais le sujet rappelle l'action sur lui-même ou *directement* ou *indirectement*.

1°. *Directement :* Le sage ne *s'est jamais livré* aux paroles d'un flatteur ; c'est-à-dire : Le sage n'a jamais *livré* soi ; *se* ou *soi*, complément direct. *Nous nous contentons* de la médiocrité qui nous sauve des horreurs du besoin ; c'est-à-dire : Nous contentons nous..... *nous*, complément direct. On voit dans le premier exemple que le verbe *être* a ici la signification du verbe *avoir*.

2°. *Indirectement ;* ex. : Chacun court *pour s'assurer de la fortune ;* c'est-à-dire : Pour *assurer à soi* de la fortune ; *à soi*, complément indirect ; *de la fortune*, complément direct. *Nous ne nous assurons* aucune vraie jouissance avec de la fortune sans talent ; c'est-à-dire : *Nous n'assurons à nous* aucune.....; *à nous*, complément indirect ; aucune vraie jouissance, complément direct.

Ces explications sur les deux compléments des verbes réfléchis, embrassent également les verbes réciproques, qui empruntent leur conjugaison aux personnes plurielles des tems du verbe réfléchi.

(*Observation.*) Quant au verbe *impersonnel*, tenant ce qualificatif de l'impersonnalité de son sujet, il est clair qu'avec un sujet factice, incapable d'imprimer une action au verbe, il ne peut y avoir de complément pour une action qui n'existe pas. Donc le verbe impersonnel n'a ni complément *direct*, ni complément *indirect*.

Quand nous arriverons aux divers cas des participes, que nous avons réservés pour la syntaxe, on reconnaîtra l'utilité du développement que nous venons de donner aux différents compléments que prennent certains verbes, et que d'autres refusent. Mais pour faciliter l'intelligence des règles de ces participes, il est essentiel de bien connaître les auxiliaires que réclame la conjugaison des verbes en général.

DIX-SEPTIÈME LEÇON.

Du choix des auxiliaires AVOIR ou ÊTRE, pour la conjugaison des Verbes.

AUXILIAIRE DES VERBES ACTIFS

PREMIÈRE RÈGLE. L'auxiliaire *avoir* appartient essentiellement aux verbes qui marquent de l'action. Aussi, cet auxiliaire forme-t-il tous les tems composés des verbes actifs; ainsi que l'indiquent les tableaux des conjugaisons de ces verbes.

On opposera peut-être à ce principe que les tems composés des verbes réfléchis, exprimant également une action, se conjuguent cependant avec l'auxiliaire *être*. Nous rappellerons qu'à l'occasion des compléments du verbe réfléchi, nous avons dit que l'auxiliaire *être* avait la signification du verbe *avoir*.

Quelques verbes neutres exprimant une action intransitive, se servent bien aussi de l'auxiliaire *être*, mais l'usage fait loi.

AUXILIAIRE DES VERBES PASSIFS.

DEUXIÈME RÈGLE. Les verbes actifs, seuls susceptibles de prendre un complément direct, sont aussi les seuls qui puissent passer de l'actif au passif.

Ce changement se fait en prenant le complément direct de l'actif, pour en faire le sujet du verbe passif; ex.: Mon père *récompense* ma sœur; *récompense*, verbe actif; *ma sœur*, complément direct dont je fais le sujet du verbe passif, et je dis: Ma sœur est récompensée par mon père. Cet exemple annonce que les verbes passifs prennent l'auxiliaire *être* dans tous leurs tems.

AUXILIAIRES DU VERBE NEUTRE.

TROISIÈME RÈGLE. Autant le verbe neutre varie, exprimant tantôt un état ou une manière d'être, tantôt une action intransitive, autant aussi il varie dans l'emploi des auxiliaires. Quelques-uns prennent seulement le verbe *avoir*, tels que ceux qui expriment une action concentrée dans le sujet; comme *apparaître, approcher, comparaître, courir, danser, sauter, subvenir*.

D'autres se conjuguent tantôt avec *avoir*, tantôt avec *être*; tels que les suivants: *Accourir, contrevenir, croître, décroître, disparaître, périr*, etc.

D'autres ne se conjuguent qu'avec l'auxiliaire *être*, tels que *aller*, *arriver*, *décider*, *déchoir*, *entrer*, *naître*, *mourir*, *partir*, *rester*, *sortir*, *tomber*, *venir*, *devenir*, *intervenir*, *parvenir*, *revenir*, *subvenir*, etc.

La signification que l'on donne à un verbe, décide souvent l'auxiliaire qu'on doit lui donner. *Accoucher*, quand il exprime l'action de l'accoucheur, prend l'auxiliaire *avoir*. Quand *accoucher* exprime la position de la mère, il prend le verbe *être*.

QUATRIÈME RÈGLE. *Demeurer*, signifiant la résidence ou le retard que l'on met à faire une chose, prend l'auxiliaire *avoir*. Ex. : *J'ai demeuré* un mois à ma campagne, c'est pourquoi *j'ai demeuré* si long-tems sans vous écrire.

Demeurer, signifiant *rester*, prend l'auxiliaire *être*. Ex. : Qui ne *serait pas demeuré* interdit devant l'audace de ce criminel?

CINQUIÈME RÈGLE. *Passer* a plusieurs significations ; il a la signification active, quand il présente le sens de *employer*, *consommer* ; alors il prend un complément direct, et se conjugue avec *avoir*. Ex. : *J'ai passé mon tems* à travailler ; les semaines *que j'ai passées* à la campagne, j'ai appris tout mon Virgile. *Passer* prend la signification passive ; ex. : (SCRIBE, élève de S.-B. à la réunion annuelle des Barbistes).

Dans la jeunesse au bonheur tout dispose :
Offrant son prisme à nos yeux empressés,
L'espoir alors nous peignait tout en rose ;
O mes amis, *nos beaux jours sont passés !*
. . . .

Oui, Sainte-Barbe en ces lieux nous rassemble,
Et réunit ses enfants dispersés ;
On s'aime encore, on peut triuquer ensemble,
Ah ! *nos beaux jours ne sont pas tous passés !*

Quand *passer* signifie transition d'un état ou d'un endroit à un autre, il prend indifféremment *avoir* ou *être* : Le roi *a passé* par le Luxembourg, ou le roi *est passé* par le Luxembourg.... Pour changement d'un état physique à un autre, on dit : Le malade *a passé* à trois heures du matin.

Sixième règle. *Monter* et *descendre* s'en servent indifféremment ; l'usage préfère l'auxiliaire *être ;* cependant le verbe *monter* prend *avoir,* quand il est suivi d'un complément avec préposition sous-entendue. Ex. : *Il a monté ce cheval ; il a monté cet escalier ;* pour, *par cet escalier, dessus ce cheval ;* on dit aussi, sans préposition sous-entendue, *monter une montre.*

(*Observation.*) Quelques grammairiens ont pensé que les verbes *passer, monter,* exprimant une action achevée et sans retour au moins prochain, quand on va d'un lieu à un autre éloigné, prennent l'auxiliaire *avoir.* Ex. : Un tel *a passé par ce chemin* pour aller à sa campagne ; *un tel a monté par là* pour sortir du collége.

Mais, quand il y a résidence dans l'action, c'est-à-dire quand l'action de *passer* et de *monter* se limite dans un lieu quelconque, dans une maison, par exemple, alors ces verbes prennent l'auxiliaire *être.* Ex. : Notre professeur *est passé* par cette cour pour se rendre en classe ; l'inspecteur *est monté* par cet escalier pour aller au réfectoire.

AUXILIAIRES DES VERBES RÉFLÉCHIS ET RÉCIPROQUES.

SEPTIÈME RÈGLE. Les verbes pronominaux ou réfléchis prennent l'auxiliaire *être* dans leurs tems composés. Ma sœur *s'est louée ; nous nous sommes félicités* de vos succès ; *nous nous étions glorifiés* à l'avance des couronnes que vous obtiendriez ; mais *nous nous sommes repentis* de vous avoir donné de vaines espérances.

Il en est de même des verbes réciproques, qui prennent l'auxiliaire *être* dans leurs composés. Ces verbes, comme nous l'avons vu, ne s'emploient qu'aux trois personnes du pluriel de chaque tems ; la réciprocité de l'action entre plusieurs sujets différents qui s'en partagent les effets, ne permet pas à ces verbes d'employer le singulier.

AUXILIAIRES DES VERBES IMPERSONNELS DE LEUR NATURE, ET DES VERBES EMPLOYÉS IMPERSONNELLEMENT.

HUITIÈME RÈGLE. Les verbes impersonnels de leur nature, autrement les verbes défectueux, comme n'ayant que la troisième personne de chaque tems, prennent l'auxiliaire *avoir* pour conjuguer leurs tems composés : *il a fallu ; il aurait fallu ;* j'ai cru qu'il *avait neigé.*

Mais les verbes qui sont employés impersonnellement à cause de *l'impersonnalité de il, sujet* factice, conservent l'auxiliaire propre à leur nature ; on dit donc : *Il a paru* utile à votre maître d'exiger telle méthode dans votre travail....

Qu'en *est-il* arrivé? des résultats meilleurs. *Il a plu* enfin à votre frère de s'appliquer; le voici le premier de sa classe.

DIX-HUITIÈME LEÇON.

Emploi des Tems dans les différents modes.

Les développements que la grammaire a donnés sur les modes, sur les tems et même sur leur emploi, nous laissent peu à dire dans cette leçon. (*Grammaire*, p. 91.)

MODE INDICATIF.

Nous avons vu qu'accompagné de certaines expressions indicatives de l'avenir, le présent pouvait s'employer pour le futur. Nous ajouterons les règles suivantes :

PREMIÈRE RÈGLE. Le présent s'emploie même après un des tems passés, quand il s'agit d'exprimer de ces vérités éternelles, de tous les âges et de tous les états. Ex. : Tous les hommes se sont toujours accordés à dire que la *vertu est préférable* au vice; que les vertus *sont* sœurs et que les vices *sont* frères. On a toujours dit que deux et deux *font* quatre, et que le tout *est* plus grand que la partie.

DEUXIÈME RÈGLE. Le présent s'emploie souvent pour *le parfait défini*, dans le style narratif; mais une fois le présent employé pour un verbe, il faut le soutenir pour tous les verbes qui concourent au récit d'une action.

Le présent ainsi employé rapproche les faits, les tems, les circonstances ; il les anime et donne de l'action et même plus de grâce au style. Ex. *Cinna*, acte V :

AUGUSTE.

Tu vois le jour, Cinna ; mais ceux dont tu le tiens
Furent les ennemis de mon père et les miens :
Au milieu de leur camp tu *reçus* la naissance ;
Et lorsqu'après leur mort tu *vins* en ma puissance,
Leur haine, enracinée au milieu de ton sein,
T'avait mis contre moi les armes à la main.
Tu *fus* mon ennemi même avant que de naître,
Et tu le *fus* encor quand tu me *pus* connaître.

TROISIÈME RÈGLE. *L'imparfait* ne s'emploie que pour une action passée, et non pour une action qui durerait encore au moment où l'on en parle. Je ne dirai donc pas : Votre professeur *m'a dit* que *vous étiez* aujourd'hui le premier de sa classe, et qu'*il vous destinait* pour le concours général. Puisque la chose existe, il faut : Votre professeur m'a dit que *vous êtes le* premier de sa classe, et qu'*il vous destine.....*

Prétérit défini, indéfini, antérieur ; plusque-parfait ; ces tems ont reçu de la Grammaire des explications qui nous dispensent de nous répéter.

MODE CONDITIONNEL.

PREMIÈRE RÈGLE. Évitez la faute trop commune d'employer le conditionnel pour le futur. Celui-ci s'emploie absolument et indépendamment de tout événement ; le conditionnel, au contraire, est soumis à telle ou à telle circonstance.

Celui - ci cependant peut s'employer pour

le futur dans les cas seulement où l'on exprimerait avec incertitude une chose quelconque. Ex.: Nous verrons à la fin de cette année, *s'il ne serait pas avantageux* pour vous fortifier de redoubler votre rhétorique.

MODE IMPÉRATIF.

Voyez ce que nous en avons dit, *Gramm.* page 98.

MODE SUBJONCTIF.

Principe général :
Quand deux propositions se suivent par le rapport qu'elles ont entre elles, la seconde est nécessairement subordonnée à la nature et au pouvoir de la première. C'est donc celle-ci qui détermine si le verbe de la seconde proposition doit être mis au subjonctif.

PREMIÈRE RÈGLE. On met au subjonctif le verbe de la proposition subordonnée :
1°. Lorsque la première proposition est négative. Exemple : L'homme vertueux ne peut s'imaginer *qu'il soit* l'objet de l'oppression.
2°. Lorsque la première proposition est interrogative et exprimant de l'incertitude. Ex. : Pensez-vous qu'un fils *soit dispensé* d'acquitter la dette de son père, à l'égard d'un serviteur zélé et fidèle, près par ses infirmités de le suivre dans la tombe ?

DEUXIÈME RÈGLE. Quand le verbe de la première proposition exprime *doute, surprise, désir, volonté,* le verbe de la seconde proposition se met au subjonctif. Exemple : Je doute qu'avec aussi peu de travail vous *fassiez* jamais quelques progrès. Je suis surpris et étonné que vous *persistiez* aussi long-temps dans votre négligence. Je désire que vous *reveniez* à de meilleures dispositions.

TROISIÈME RÈGLE. Dans les phrases subordonnées à une précédente, on met le verbe au subjonctif, après les relatifs *qui* et *dont*. Ex.: Il n'y a que les cœurs nobles et généreux *qui sachent* combien il y a de gloire et de félicité à être bon, juste et bienfaisant. Si je puis vous être utile, n'importe *qui vous soyez ;* je ne vois encore rien *dont vous puissiez* désespérer.

QUATRIÈME RÈGLE. Cette règle concerne les tems du subjontif, auxquels doit être placé le verbe de la seconde proposition, sous l'empire des différents tems de l'indicatif. La nécessité d'accoutumer nos élèves à parler correctement dans une classe de grammaire, et d'exiger d'eux des phrases régulières pour les exemples des différentes règles, nous a fait devancer l'explication de celle-ci ; *Grammaire,* page 119.

CINQUIÈME RÈGLE. Souvent pour imprimer à une proposition la vivacité du sentiment que l'on éprouve et que le cœur a besoin d'émettre au dehors, on supprime la première proposition, soit en conservant, soit en supprimant le *que* conjonctif, et dans ce dernier cas le sujet se place après le verbe. *Daigne le ciel* conserver les jours de votre respectable père ! (sous-entendu, je souhaite que le ciel daigne....) *Puissè-je dans mes* vœux n'être pas trompé ! (pour, je

désire que dans mes vœux, je ne sois pas trompé.)
Vivent et *prospèrent* à jamais les élèves modèles
dans un collége ! (je souhaite que les élèves...)

SIXIÈME RÈGLE. Dans les phrases avec superlatif relatif, suivi des pronoms *qui, que,
dont*, le verbe qui suit se met au subjonctif ;
ex. : Adolphe est bien *le meilleur ami qui me
soutienne.* Le méchant est *le plus dangereux* de
tous les monstres *que je connaisse ;* le poison le
plus perfide dont *nous puissions* être les victimes,
c'est celui qui coule de sa bouche.

SEPTIÈME RÈGLE. Le verbe se met au subjonctif après les conjonctions, *afin que, avant
que, bien que, de peur que, jusqu'à ce que,
pour que, pourvu que, quoique, soit que, sans
que*, etc.
La leçon concernant les conjonctions, ache-
vera de nous faire connaître les cas de l'emploi
au subjonctif du verbe qui leur est subordonné.

MODE INFINITIF.

La *Grammaire* a suffisamment expliqué la
définition et l'emploi de l'infinitif, tantôt sujet
d'une proposition, tantôt complément direct ou
indirect d'un autre verbe, ou d'une préposition.
Parmi les tems de l'infinitif, il nous reste à
compléter la leçon des participes, ainsi que les
règles que la *Grammaire* a commencées, et auxquelles nous renvoyons pour faciliter l'intelligence des cas dont la syntaxe s'est réservé l'explication dans les tableaux suivants.

L'élève retrouvera à la tête du premier, les quatre principes que nous avons établis, comme régulateurs de *la déclinabilité* ou de *l'indéclinabilité* des participes passifs, précédés de l'auxiliaire *avoir*.

19ᵉ LEÇON.   *Suite des divers emplois du*

PREMIER PRINCIPE.

Le sujet ne décline point le Participe av
Avoir.

DEUXIÈME PRINCIPE.

Le complément indirect n'a aucune action sur
Participe.

DIVERS CAS DE L'EMPLOI DU PARTICIPE.	EXEMPLES.	DÉCLINAB OU INDÉCLINAB
Voyez les huit premiers cas dans la *Grammaire*.		
NEUVIÈME CAS. Participe passif entre deux *que.*	Les leçons que vous avez *voulu* que j'apprisse. Les excuses que vous avez *prévu* que je vous donnerais.	Indéclinable

participe passif avec l'auxiliaire AVOIR.

TROISIÈME PRINCIPE.

Le complément direct, placé après le Participe,
a aucune action sur lui.

QUATRIÈME PRINCIPE.

Le complément direct, placé avant le Participe et
us sa dépendance, le décline.

RÈGLES.

Le premier *que* est le seul relatif, le seul donc qui,
omme complément direct, pourrait rendre le participe
éclinable; mais il n'est pas sous sa dépendance. Pour
ous en convaincre, essayons de placer l'antécédent qu'il
emplace après le participe, et voyons si cette transposi-
ion nous conserve le premier sens de notre exemple :
ous avez voulu les leçons que j'apprisse..... contre-sens
vident, lorsqu'au contraire le sens de l'exemple reste
ntact, en disant : *Vous avez voulu que j'apprisse les le-
ons.* Concluons donc que le relatif *que*, complément sous
 dépendance du second verbe, laisse sans complément
 participe qui, par le quatrième principe même, reste
ndéclinable.

Le même raisonnement s'applique au second exemple.

20ᵉ LEÇON. *Suite des divers emplois du*

DIVERS CAS DE L'EMPLOI DU PARTICIPE.	EXEMPLES.	DÉCLINABLE OU INDÉCLINABLE.
DIXIÈME CAS. Participe passif, suivi d'un infinitif, devant lequel il se trouve une des prépositions *à* ou *de*. Deux circonstances.	1ʳᵉ *Circonstance.* Les leçons que vous m'avez *données* à apprendre. La promesse que vous m'avez *faite* de bien travailler.	Déclinable.
	2ᵉ *Circonstance.* Les fautes que vous m'avez *promis* d'éviter. Les études que j'ai *commencé* à suivre.	Indéclinable.

participe passif avec l'auxiliaire AVOIR.

RÈGLES.

Ce cas présente deux circonstances; pour les distin-guer, faites la transposition indiquée dans le cas précédent. Pouvez-vous dire, sans changer le premier sens de votre exemple? *Vous m'avez donné les leçons à apprendre..... Vous m'avez fait la promesse de bien travailler.* Oui, et cette transposition, la seule admissible, désigne le *que* relatif comme complément direct placé devant le par-ticipe et sous sa seule dépendance, donc participe décli-nable par le quatrième principe. Cette règle repose sur celle-ci : Les infinitifs actifs, compléments des prépositions *à* ou *de*, prennent ou un sens passif : Les leçons que vous m'avez données *pour être apprises;* ou le sens de *pour* devant un infinitif : Les promesses que.... *pour* ou *afin de mieux travailler.*

La même transposition ne peut pas se faire dans la se-conde circonstance. Ce serait outrager le sens de l'exemple, e dire : *Vous m'avez promis les fautes d'éviter; j'ai com-mencé les études à suivre.* Il est donc évident que les com-léments directs *que* sont sous la dépendance des infinitifs; lors, les sujets seuls pourraient agir sur les participes, ce qui serait contraire au premier principe; donc indécli-ables.

DIVERS CAS DE L'EMPLOI DU PARTICIPE.	EXEMPLES.	DÉCLINABLE OU INDÉCLINABLE
ONZIÈME CAS. Participe passif d'un verbe neutre, précédé d'un *que* relatif joint à son antécédent. Deux circonstances, par le sens qui varie dans certains verbes.	1ʳᵉ *Circonstance.* Les années que j'ai *vécu* à la campagne. Les deux cents francs que m'a *coûté*, que m'a *valu* cette bibliothèque. De la manière que mes frères *ont débuté* dans leurs études.	Indéclinable.
	2ᵉ *Circonstance.* Les mécontentements que m'a *valus* votre inconduite à l'égard de votre père. Les peines que m'ont *coûtées* votre réconciliation.	Déclinable.

participe passif avec l'auxiliaire AVOIR.

RÈGLES.

Les verbes neutres, *intransitifs* de leur nature, ne peuvent avoir de complément direct. Nous avons vu que les mots qui en apparence sembleraient être sous leur dépendance, comme dans : *courir un lièvre, sauter un fossé,* sont toujours compléments d'une préposition sous-entendue. Ainsi, dans les exemples donnés, il faut dire : Les années *pendant lesquelles.....* Les deux cents francs *pour lesquels cette bibliothèque m'a valu, ou m'a coûté, ou j'ai acheté..... De la manière avec laquelle mes frères ont débuté.....* donc les participes sont privés de tout complément, donc invariables par le premier principe.

Dans cette seconde circonstance, les verbes *coûter, valoir,* prennent un sens actif, comme signifiant : celui-ci, *procurer;* celui-là, *causer, occasionner.* Alors, le *que* relatif qui précède ces participes, en est le complément direct ; donc déclinables par le quatrième principe.

22ᵉ LEÇON.   *Suite des divers emplois du*

DIVERS CAS DE L'EMPLOI DU PARTICIPE.	EXEMPLES.	DÉCLINABLE OU INDÉCLINABLE.
DOUZIÈME CAS. Participe passif des verbes employés impersonnellem*.*	Les chaleurs qu'il *a fait* l'été dernier. Les pluies qu'il *a fait* ce prin-tems.	Indéclinable.
TREIZIÈME CAS. Participe passif avec *avoir*, précédé du pronom relatif En. Deux circonstances.	1ʳᵉ *Circonstance.* Vous avez plus de mémoire que je ne vous EN ai *cru.* Ma sœur a plus de connaissances que je ne lui EN avais *supposé.*	Indéclinable.

participe passif avec l'auxiliaire AVOIR.

RÈGLES.

De quels participes s'agit-il ici? De participes de verbes impersonnels, qui, par leur nature, ne peuvent avoir de complément direct, comme privés d'action par leur sujet factice, *il*, incapable de leur donner un pouvoir actif ni sur quelqu'un, ni sur quelque chose. En effet, peut-on dire : *Faire des chaleurs, faire des pluies?* Donc participes sans complément ; donc invariables par le premier principe. Voici la vraie signification du verbe *faire*, en pareil cas : Les chaleurs *qui ont eu lieu* l'été dernier ; les pluies *qui ont eu lieu* ce printems.....

Cette première circonstance ne présente aucune difficulté, si l'on fait attention : 1°. au rôle que le relatif *en* remplit dans ces phrases ; or, il est ici complément *indirect* ; donc, par le second principe, les participes *cru*, *supposé*, indéclinables. En effet, n'est-ce pas comme si je disais : *Vous avez plus de mémoire que je n'ai cru que vous aviez de elle, mémoire. Ma sœur a plus de connaissances que je ne lui avais supposé de elles?* 2°. Le *que* qui précède les participes n'est-il pas *que conjonctif comparatif?* n'est-il pas étranger à tout antécédent? peut-il se tourner par *lequel, laquelle?* Non ; donc encore, sous ce rapport, participes *indéclinables*.

23ᶜ LEÇON. *Suite de divers emplois du* :

DIVERS CAS DE L'EMPLOI DU PARTICIPE.	EXEMPLES.	DÉCLINABLE OU INDÉCLINABLE.
Suite du TREIZIÈME CAS.	2ᶜ *Circonstance.* Madame * * * est partie ; les nouvelles que j'EN ai *reçues,* m'ont fait plaisir. Les bons conseils que j'EN ai *reçus* avant son départ, me sont utiles.	Déclinable.
QUATORZIÈME CAS. Participe passif précédé du pronom LE se rapportant à un adjectif. Deux circonstances.	1ʳᵉ *Circonstance.* Cette dame est plus musicienne que je ne l'avais *pensé.* La langue latine est plus difficile que je ne l'avais *imaginé.*	Déclinable.

participe passif avec l'auxiliaire AVOIR.

RÈGLES.

Dans cette seconde circonstance, le complément direct qui impose la déclinabilité aux deux participes, *reçues* et *reçus*, c'est le *que*, qui est autre que le conjonctif comparatif de la première circonstance ; il est relatif, et comme complément direct, placé avant les participes, il leur communique *genre* et *nombre*, conformément au quatrième principe.

Quant au pronom relatif EN, il est ici complément indirect. *Les nouvelles que j'ai reçues de* ELLE (madame); *les conseils que j'ai reçus de* ELLE. Donc, par le second principe, il n'a aucune influence sur les participes.

Dans les deux circonstances de ce quatorzième cas, il suffit de se rappeler la règle : *Madame, êtes-vous musicienne ?* La réponse : Oui, je LE suis, nous rappelle que l'adjectif ne pouvant donner ni genre, ni nombre à son pronom relatif LE, celui-ci reste *masculin*, quoique l'exemple soit au sens féminin ; or ce relatif LE devient complément direct, placé avant les participes *pensé, imaginé* ; donc, par le quatrième principe, il leur impose la déclinabilité.

24ᵉ LEÇON. *Suite des divers emplois du*

DIVERS CAS DE L'EMPLOI DU PARTICIPE.	EXEMPLES.	DÉCLINABLE OU INDÉCLINABLE
Suite du QUATOR- ZIÈME CAS.	2ᵉ *Circonstance.* Cette dame, malgré son grand âge, est la même que je l'ai *connue* dans sa jeunesse.	Déclinable.
QUINZIÈME CAS. Participe passif avec *que*, relatif ayant pour antécédent *le peu.* Deux circonstances.	1ʳᵉ *Circonstance.* Le peu d'application que vous avez *mis* à vos études vous a mérité des reproches.	Déclinable.

participe passif avec l'auxiliaire Avoir.

RÈGLES.

Cette seconde circonstance rappelle le second cas de la règle citée dans l'explication de la première circonstance, savoir : *si la demande renferme un nom*, la réponse emploie LE ou LA, suivant le nom dont il est relatif : Madame, *êtes-vous la musicienne que....* Oui, je LA suis. Cette règle s'applique à cette seconde circonstance : *cette dame est la même dame* que je *la* ai connue, ou *que j'ai connue elle* ; je dis *la*, comme relatif de l'antécédent, *dame*, nom féminin. Or LA, complément direct, avant le participe ; donc déclinable par le quatrième principe ; donc *connue*.

Rappelons-nous cette règle ; par une des facultés de l'article, l'adverbe *peu* devient nom avec l'article *le*, placé devant ; alors c'est ce nom, *le peu*, qui devient l'antécédent du *que*, lequel prend son genre et son nombre pour les imposer au participe *mis*, par le quatrième principe, comme complément direct précédant ce participe. Le sens et la raison veulent en effet que *le peu* soit le véritable antécédent, autrement quel pourrait-être l'autre antécédent, *application...* ? Mais ne serait-ce pas dire que c'est l'application qui a mérité les reproches ? contre-sens absurde.

25ᶜ LEÇON. *Suite des divers emplois du~*

DIVERS CAS DE L'EMPLOI DU PARTICIPE.	EXEMPLES.	DÉCLINABLE OU INDÉCLINABLES
Suite du QUINZIÈME CAS.	2ᶜ *Circonstance.* Le peu de livres que vous avez *lus*, ont beaucoup avancé votre instruction.	Déclinable.
SEIZIÈME CAS. Participe passif des verbes *laissé* et *fait*, précédés du verbe *avoir*, et suivis d'un infinitif.	En donnant la main à cette dame, je l'ai *laissé tomber*. La négligence des médecins sur les suites de sa chute, *l'a fait mourir*.	Indéclinable...

rticipe passif avec l'auxiliaire AVOIR.

RÈGLES.

Une règle (leçon *des Adverbes*, p. 264.) nous dit que
le nom qui suit un adverbe de quantité, est suscep-
ble d'être compté, ce nom se met au pluriel, et tous les
ots qui suivent sous sa dépendance, en prennent le genre
le nombre. Cette règle trouve ici son application. En
fet, le sens de cet exemple est : *Les livres que vous avez
s, quoique en petit nombre*, ont avancé votre.... Or
relatif *que*, prenant le genre et le nombre de son anté-
dent, *livres*, impose l'un et l'autre au participe, *lus*,
'il précède, et dont il est complément direct, suivant
quatrième principe. En effet encore, le latin fait un ad-
ctif de *le peu*, devant un nom de choses qui se comptent,
il traduirait par *pauci libri quos legisti*.... Ici *quos*,
latif de *libri*; le français imite ici le latin.
Les participes *laissé* et *fait*, voilà la cause motrice de la
uerre que se font quelques grammairiens. Nous nous ran-
erons sous les drapeaux pacifiques de la majorité, et nous
irons que ces participes, avec les infinitifs qui les suivent,
eviennent inséparables ; qu'ils forment un seul sens, et
omme un seul mot qui n'offre plus qu'une idée tellement
ndivisible, que ces participes communiquent leur pouvoir
ctif aux infinitifs qui, *seuls*, sont neutres et étrangers à
nte action ; aussi ne dit-on pas : *tomber quelqu'un,
ourir quelqu'un* ; mais on dit : *laisser tomber quelqu'un,
aire mourir quelqu'un.*
Il est donc vrai de dire: 1°. que le complément direct que
es participes et ces infinitifs ne pourraient prendre ici *isolé-
ent*, ils le peuvent avec le sens actif qui résulte de leur ad-
onction ; 2°. qu'ainsi dans ces exemples et dans toutes phra-
es pareilles, le *que* relatif devient complément de ces verbes
omposés et actifs ; donc les deux participes inséparables par
cla même des infinitifs *tomber* et *mourir*, sont invariables.

26ᵉ LEÇON.   *Suite des divers emplois* ⸺

DIVERS CAS DE L'EMPLOI DU PARTICIPE.	EXEMPLES.	DECLINA⸺ OU INDÉCLINA⸺
DIX-SEPTIÈME CAS. Participe avec *avoir*, suivi d'un adjectif.	Votre sœur que j'ai *crue* instruite. Les mathématiques que j'ai *jugées* nécessaires à votre avancement.	Déclinable ⸺

(*Observation.*) Concluons de cet exposé des différei ⸺
manières d'employer les participes passifs, précédés ⸺
l'auxiliaire *avoir*, que la grande et unique difficulté ⸺
prononcer leur *déclinabilité* ou leur *indéclinabilité*, c⸺
siste à voir : 1°. s'ils *sont précédés* d'un complément dir⸺
2°. si ce complément direct leur appartient. Or toutes ⸺
explications que nous venons de donner, se sont touⸯ⸺
conciliées à prescrire d'essayer si, en transportant imⸯ⸺
diatement après le participe le complément direct qu⸺
précède, cette translation conserve le sens de la phra⸺
alors, avons-nous dit, le complément appartient au pari⸺
cipe et le rend déclinable.

Si cette translation renverse le sens de la phrase, le co⸺
plément est indépendant du participe, donc indéclinaⸯ⸺
Voilà tout le secret de cette règle, l'épouvantail des ét⸺
diants et de ceux qui ont mal étudié.

articipe passif avec l'auxiliaire Avoir.

RÈGLES.

Quelques grammairiens ont voulu apporter ici quelques
ceptions à la déclinabilité du participe, ainsi suivi d'un
jectif ; exceptions qu'ils ont essayé de motiver sur la du-
té de la prononciation dans la terminaison de certains
rticipes, avec la lettre initiale de l'adjectif qui suit. Ex.
)raison funèbre de la reine d'Angleterre) : Elle considère
le c'est Dieu *qui l'a faite telle ; elle remercie Dieu de*
voir faite reine malheureuse..... En pareil cas, ne
ut-il pas mieux adoucir et ménager la prononciation,
r un repos insensible entre le participe et l'adjectif, que
manquer à une règle aussi essentielle ?

VINGT-SEPTIÈME LEÇON.

Des Prépositions.

La *préposition* est invariable par sa nature ; elle établit un rapport entre le mot qui la précède et le mot qui la suit ; c'est de ce dernier qui devient son complément qu'elle reçoit sa signification ; sans lui, elle n'en aurait aucune. (*Grammaire*, leçon des prépositions.)

Nous nous bornerons ici à déterminer la signification et le double emploi que présentent certaines prépositions, parmi les plus usitées.

PREMIÈRE RÈGLE. *Avant* et *devant*, n'ont pas la même signification ; *avant* précise un rapport de tems. Ex. : Je ne quitterai pas le travail *avant quatre heures* du soir, *avant la récitation* de ma leçon.

Devant précise un rapport de lieu ou de personne : Je n'aime pas à me présenter *devant mon père*, quand je suis coupable ; je passe *devant* le Luxembourg pour me rendre au collége.

Quand *avant* est suivi d'un verbe, *avant de*..... est préférable à *avant que*. Exemple : *Avant de sortir*, j'aurai achevé mon devoir ; et non pas *avant que de sortir*.....

DEUXIÈME RÈGLE. *A travers* et *au travers* diffèrent dans leur signification ; *à travers* veut son complément immédiatement après lui, sans autre préposition. Exemple : L'ennemi a rompu les chemins ; notre armée a été forcée de marcher *à travers les champs*.

Au travers veut être suivi de la préposition *de*. Exemple : Vous vous promeniez hier dans le Luxembourg ; je vous ai aperçu *au travers des* arbres.

Troisième règle. *Dans* et *en* ; il ne faut pas confondre *en* avec *dans* ; l'un et l'autre ont un sens particulier. Exemple : Cet élève laborieux fera sa composition *en deux heures*, c'est-à-dire qu'il pourra mettre *deux heures* pour faire sa composition. Cet élève moins laborieux fera sa composition *dans deux heures*, c'est-à-dire qu'il ne la commencera pas *avant deux heures écoulées*. Voilà pour le tems ; voyons pour le lieu.

Cet élève travaille en chambre particulière ; c'est dire vaguement que cet élève vit et travaille ordinairement en chambre particulière, sans pour cela dire que cet élève y est pour le moment où l'on parle.

Cette dernière signification aura lieu avec la préposition *dans*, si je dis : Cet élève est *dans* sa chambre ; en effet, c'est annoncer d'une manière précise qu'il y est et qu'il n'est pas ailleurs.

Où est votre mère ? *Elle est en ville*. Cette réponse indique qu'elle n'est pas chez elle.

Où demeure votre oncle ? *Dans la ville*. Cette réponse indique qu'il ne demeure pas à la campagne.

Ne dites pas *en campagne* ; cette expression marque l'action de voyager, la mise en route ; encore cette expression ne s'emploie-t-elle guère que pour exprimer le mouvement des troupes : l'armée française *se met en campagne*.

Quatrième règle. *Durant* et *pendant* présentent deux sens différents. *Durant* marque une continuité de durée ; *pendant* désigne une époque, un tems passager. Exemple : J'ai fait mon devoir *durant la récréation*, marque que j'ai employé toute la durée de la récréation à faire mon devoir.

J'ai appris ma leçon *pendant la récréation*, annonce que j'ai consacré un moment, une partie de la récréation.

Durant se place quelquefois après son complément : La *récréation durant*, j'ai étudié. Mon père ne donna *sa vie durant* que de bons exemples à ses enfants ; et non sa vie *durante*, comme il échappe quelquefois.

CINQUIÈME RÈGLE. Est-il nécessaire de répéter dans la même phrase la même préposition devant chaque mot qui lui est subordonné, comme étant complément de cette préposition ? Oui, surtout lorsque ces mots expriment des idées différentes. Ex. : Tout élève qui sert d'exemple à ses condisciples, *par son travail*, *par son émulation* et *par sa docilité*, est digne d'éloges. Soyez plus jaloux de vous distinguer *par vos vertus*, *par vos talents* que *par des avantages* frivoles et passagers.

SIXIÈME RÈGLE. Les prépositions *à*, *de*, *en*, veulent ordinairement être répétées à chaque complément. Ex. : Mon plaisir est tout *à mon travail*, *à mes succès* et *à la société* de mes meilleurs condisciples. J'ai tant *de joie*, *de satisfaction*, *de contentement*, quand je puis en procurer à mes bons parents !

Toute ma confiance dans les peines que j'éprouve, est *en mon père*, *en ma mère*, *en mes* amis.

VINGT-HUITIÈME LEÇON.

De l'Adverbe.

Avant d'entrer dans quelques détails sur la manière d'employer certains adverbes, il est utile de se reporter à ce que dit la Grammaire sur la définition et sur l'emploi de cette partie invariable du discours.

Nous nous bornerons ici aux règles particulières à observer avec certains adverbes, dont l'usage se présente le plus fréquemment.

PREMIÈRE RÈGLE. Parmi les adverbes, il en est qui sont employés, tantôt adverbialement, tantôt comme une préposition ; tels que : *devant, derrière, après, au dedans, au dehors, par dessus, par dessous* etc. Employés seuls et absolument, ils sont simples adverbes ; suivis d'un nom, ce sont de vraies prépositions.

Ne pourrait-on pas dire qu'employés seuls, il y a toujours un nom sous-entendu, et qu'ainsi ces mots ne cessent pas d'être des *prépositions ?*

Auparavant doit s'employer *seul*, sans complément, sans la préposition *de* et sans la conjonction *que*. Il est donc contre cette règle de dire : Tu entreras en classe auparavant moi ; *auparavant d'écrire*, il faut savoir lire ; dites : *avant moi ;..... avant d'écrire.....*

DEUXIÈME RÈGLE. Les adverbes, *près, proche, vis-à-vis*, deviennent aussi des prépositions par le nom qui les suit et qui en devient le complé-

ment; alors ces prépositions veulent rigoureuse-
ment après elles la préposition *de ;* ainsi il faut
dire : Je vais *près de* l'Observatoire; je demeure
proche du boulevard, vis-à-vis de l'hôtel des
Invalides. C'est une grande faute d'employer
vis-à-vis devant un nom de personne; on ne
dira pas : Mon père fut bienfaisant et généreux
vis-à-vis de son fils coupable; dites : *envers son*
fils ou en faveur de son fils.

Troisième règle. *Davantage ;* cet adverbe
s'écrit en un seul mot, ne le confondez donc
pas avec le substantif d'*avantage*, formé du nom
avantage, précédé de la préposition *de.* Ex. :
Des deux frères Ernest et Charles, j'estime
Charles *davantage;* son instruction présente
plus *d'avantages.* Évitez encore de confondre
davantage adverbe, avec *plus* comparatif :
davantage s'emploie toujours absolument et ne
peut établir une comparaison; sa place est à la
fin de la phrase; ainsi ne dites pas : J'aime *davantage* l'étude des belles-lettres que l'étude
des mathématiques; mais j'aime *plus* l'étude
des belles-lettres que, etc.; ou bien, en se
servant de l'adverbe *davantage* : L'étude des
sciences est aimable, celle des belles-lettres
l'est davantage.

Plus, au contraire, établit une comparaison
entre les deux termes qui la composent.

Quatrième règle. *Ne pas, ne point ;* ces
deux adverbes négatifs admettent quelque
différence dans leur emploi; *point* exprime la
négation d'une chose notablement et habituel-
lement reconnue comme négative sous tous les
rapports et en tout tems. Exemple : L'homme

honnête *n'estime point* le menteur ; le vice *n'est point conciliable* avec la vertu.

Pas exprime la négation d'une chose non habituelle, seulement transitoire et accidentelle. Ex. : Aujourd'hui *je ne suis pas* disposé à travailler ; je *n'apprendrai pas* mes leçons.

Cependant on est quelquefois obligé de n'avoir aucun égard à cette distinction ; lorsqu'il s'agit, par exemple, d'éviter les consonnances de *pas* et de *point* avec d'autres mots dans la même phrases. Exemple : Je ne crois *point* qu'il soit nécessaire de discuter sur un *point* aussi peu intéressant. Je ne déteste *point moins* que vous le menteur. Je n'eus *pas* fait quelques *pas* que je rencontrai votre ami ; dites : Je ne crois *pas* qu'il soit nécessaire et discuter sur un *point*...... Je ne déteste *pas* moins...... Je n'eus *point* fait quelques pas , etc.....; ou , à peine eus-je fait quelques pas , que je rencontrai.....

CINQUIÈME RÈGLE. Après les verbes *appréhender, craindre, douter, prendre garde,* et autres ayant même signification, on supprime *pas* et *point* dans la seconde proposition qui suit le *que;* on ne conserve que la particule *ne,* quand on a une crainte sincère que la chose n'arrive ; ex. : J'appréhende que vous *ne* soyez assez dissipé pour jouer au lieu de travailler. Je crains que votre voisin *ne* soit pour vous un sujet de dissipation ; cependant je doute que vous soyez plus porté que lui à l'étude. Prenez garde que votre émulation *ne* se refroidisse....

SIXIÈME RÈGLE. Si la proposition qui suit le

que après les verbes indiqués dans la règle précédente, veut au contraire exprimer le désir vrai que la chose arrive, alors cette seconde proposition doit renfermer *ne pas, ne point;* ex. : Je crains que votre père *ne* soit *pas* arrivé à Paris, pour y être le témoin de vos couronnes ; j'appréhende que vous *ne* répondiez *pas* à vos examens. Il est clair que, dans ces exemples, les propositions qui suivent le *que* renferment pleinement le désir que la chose exprimée arrive.

Mais si ces verbes, *appréhender, craindre, douter,* sont eux-mêmes accompagnés de *ne pas, ne point,* on supprime ces négations dans la seconde proposition qui suit le *que;* il en est de même après *empêcher, défendre,* exemple : *Je ne crains pas* que vous vous négligiez; *je ne doute pas* que vous persévériez dans vos succès. Le règlement *ne défend pas* que vous donniez quelques moments à votre musique; mais n'est-il pas à craindre que vous ne vous y livriez trop exclusivement? *il n'empêche pas* que vous y consacriez les moments de repos dont vos études même ont besoin.

Septième règle. *Jamais* veut ordinairement être employé avec la particule négative *ne;* ex. : *Ne vous liez jamais* qu'avec des gens honnêtes.

Jamais, signifiant *une seule fois,* ne prend point la négative *ne :* Vous ai-je jamais refusé les encouragements que méritait votre travail?

Jamais s'emploie encore de cette manière : *à jamais,* pour *toujours :* Qui n'a ni règle, ni mesure, se prépare *à jamais* de vains regrets.

Huitième règle. Les adverbes comparatifs, *plus*, *moins*, *pis*, suivis de *que*, avec un verbe à l'indicatif, exigent la particule négative *ne*. Ex. : Votre sœur parle mieux qu'elle *n'*écrit ; elle est moins studieuse qu'elle *ne* le paraît. Il en est de même après les adjectifs comparatifs *meilleur*, *moindre*, *pire*. Ex. : Avec de la fermeté on fait plus de bien qu'on *n'en* peut faire avec de la faiblesse. L'élève froid travaille mieux quelquefois qu'il *ne* le paraît ; son travail et ses succès sont meilleurs qu'on *ne* les avait jugés d'abord.

Neuvième règle. *Jusque* a deux manières de s'écrire et de se prononcer. Il s'écrit sans *s* lorsqu'on veut lui faire subir l'élision avec le mot suivant, commençant par une voyelle. Ex. : Je pars, je vais *jusqu'à* Paris ; de là, *jusqu'en* Angleterre.

Jusques, termine par une *s* lorsque l'on veut éviter l'élision, ainsi que le bon goût et la prononciation l'exigent quelquefois. Ex. : *Jusques à* quand, Catilina, abuserez-vous de notre patience ?

Dixième règle. Quand les adverbes de quantité *beaucoup*, *plus*, *moins*, *peu*, *autant*, *tant*, *trop*, etc., sont joints à un nom par la préposition *de*, il y a deux cas à observer.

Si le nom est au singulier et non susceptible d'être compté, l'adjectif ou le participe qui suit se met au masculin singulier : Le *peu de générosité* que cet homme *a montré* dans cette affaire, etc. *Autant de libéralité* de la part de son adversaire, devait être mieux *récompensé*.

Si le nom qui suit ces adverbes est susceptible d'être compté, tout ce qui le suit en prend le genre et le nombre ; ex. : Peu de livres *sont souvent plus utiles* qu'un grand nombre pour l'instruction d'un jeune homme. *Beaucoup de femmes sont plus spirituelles* qu'instruites. *Trop de pages* à copier *font* un *pensum* nuisible à l'écriture ; chargez-en la mémoire, elle en fera son profit.

VINGT-NEUVIÈME LEÇON.

De la Conjonction.

Nous avons vu que la conjonction, partie invariable du discours, sert : 1°. à joindre ensemble les mots ; 2°. à mettre en rapport les propositions qui concourent à la formation d'une phrase.

PREMIÈRE RÈGLE. De toutes les conjonctions, dont la Grammaire présente un tableau abrégé, la conjonction *que* est la plus fréquemment employée. Nous avons appris à la distinguer du *que*, pronom relatif, synonyme de *lequel*, *lesquels*, *laquelle*, etc.

Le *que* conjonctif prend de plus le nom de *que* conjonctif *comparatif*, quand il joint les deux termes d'une comparaison ; ex. : La langue française, par son caractère, par la culture de l'esprit du peuple qui la parle, est plus facile et plus propre au commerce de la vie, *que* la plupart des langues étrangères.

DEUXIÈME RÈGLE. La conjonction *que*, placée entre deux propositions, établit le rapport du verbe de la première avec le verbe de la seconde; ex. : Comme les dieux sont bons, disaient les anciens, *ils veulent que les rois le soient aussi. Ils veulent.....* première proposition; *les rois le soient aussi.....* seconde proposition, jointe à la première et mise en rapport avec elle, par la conjonction *que*.

Il en est de même dans les propositions qui expriment le doute, la crainte, le désir, etc.

TROISIÈME RÈGLE. Quelquefois *que* placé au commencement d'une phrase semblerait être en contradiction avec cette fonction du *que* conjonctif, comme dans ces exemples : *Que votre père s'empresse donc* de soustraire votre frère à l'ignorance! *Que ne suis-je à portée de* lui en faire sentir l'urgence!

Dans ces deux phrases *que* est subordonné à une proposition principale qui est sous-entendue : il faut, *il est nécessaire, je désire que* votre père s'empresse, etc. *Plaise à Dieu que* je sois à portée de, etc.....

QUATRIÈME RÈGLE. *Que* remplace souvent d'autres conjonctions; ainsi on dit : Quand on est sage et *qu'on* aime le travail, on est heureux; pour : Quand on est sage et *quand on* aime le travail.

CINQUIÈME RÈGLE. *Que* s'emploie dans le sens de *pourquoi*; ex. : *Que ne travaillez-vous* au lieu de perdre votre temps, signifie, *pourquoi ne travaillez-vous pas.....? Que* se dit aussi dans le sens de *à quoi....* *Que vous sert-il* d'être paresseux ? pour , *à quoi vous sert-il.... ?*

Sɪxɪᴇ̀ᴍᴇ ʀᴇ̀ɢʟᴇ. *Que* s'emploie exclamativement au commencement d'une proposition, dans le sens de *combien.*

Ex. : *Que de dangers* votre jeunesse doit éviter ! *que d'inattention* vous apportez souvent à votre travail ! *Que* signifiant *combien* devant un nom, veut ce nom au pluriel ou au singulier ; *au pluriel*, si le nom indique pluralité, comme dans : *Que de dangers !* etc.

Au singulier, si ce nom exprime un objet non susceptible d'être compté , comme dans : *Que d'inattention !*

Que signifie encore *combien* dans l'exemple suivant : *Que* ou *combien* l'étude me plaît !

Sᴇᴘᴛɪᴇ̀ᴍᴇ ʀᴇ̀ɢʟᴇ. *Que* remplace *puisque.* Ex. : Vous est-il arrivé quelque chose, *que* vous me paraissez triste ? *Que* pour *puisque* vous me paraissez, etc. Phrase peu à imiter ; en pareil cas, dites : Vous me paraissez triste, vous est-il donc arrivé quelque chose ?

Hᴜɪᴛɪᴇ̀ᴍᴇ ʀᴇ̀ɢʟᴇ. *Que* tient la place de *quoique*, dont la répétition serait fatigante. Ex. : Vous n'obtiendrez aucun progrès, *quoique* vous travailliez, *que* vous lisiez et *que* vous meubliez votre mémoire, si, avant tout, vous ne repoussez pas les distractions qui vous assiégent continuellement. Ici, *que* remplace *quoique*, dont la répétition ferait un mauvais effet.

Nᴇᴜᴠɪᴇ̀ᴍᴇ ʀᴇ̀ɢʟᴇ. Prenez garde de confondre les deux conjonctions *quand* et *quant à.* Quand, en latin *quandò*, *cùm*, a le sens de *lorsque*, et termine par la consonne D.

Quant à, dont la lettre finale est la consonne T, signifie, *pour ce qui est de.... à l'égard de....* Ex. renfermant ces deux conjonctions : *Quand* ou *lorsque* Adolphe travaille, il est l'exemple de sa classe ; *quant à* Ernest, ou *pour ce qui est* d'Ernest, ou encore, *à l'égard* d'Ernest, il n'en est pas de même.

DIXIÈME RÈGLE. L'usage de la conjonction *et* s'emploie pour une affirmation positive. Ex. : La vertu répandra des consolations *et* des charmes sur votre existence, *et* le vice au contraire en empoisonnera tous les instants.

La conjonction opposée *ni* s'emploie pour une négation positive. Ex. : *Ni* la dissipation, *ni* le jeu, n'ont jamais fait un bon écolier ; beaucoup perdent la saison des études; ils n'ont *ni* le goût, *ni* la volonté du travail.

ONZIÈME RÈGLE. Autre emploi de la conjonction *que*. Dans ces phrases assez en usage, lequel est-il mieux de dire : C'est ici *qu'il* faut apprendre à bien employer son tems ; c'est là (dans le monde) *qu'il* faudra prouver le bon usage que vous en aurez fait; ou, *c'est ici où il faut.... c'est là où il faudra....?* Ces deux dernières manières de s'exprimer sont vicieuses. Il est clair que le but et le complément de l'action exprimée dans *apprendre*, *prouver*, tombent sur les adverbes de lieu *ici* et *là*. Le *que* qui suit est conjonctif, donc invariable.

En effet, rendons ces phrases à leur construction simple, nous aurons : Il faut *que ici* vous *appreniez....* il faudra *que là* vous *prouviez* le bon usage.... Or, *que*, comme nous l'avons dit, établit ici le rapport entre les deux verbes de ces propositions ; il est donc conjonction, il est donc invariable.

Par la même raison, on dira : C'est alors *que* l'on jugera vos progrès. *Alors*, adverbe de tems, qui seul modifie le verbe *jugera*.

Douzième règle. Dans les exemples suivants que nous avons vus dans les règles de *tout* et de *quelque*, *toute* sage qu'est Virginie, *quelque* studieuse *que* soit Victorine, je ne considère *que* leur intérêt dans les conseils dont leur âge a besoin. De quelle nature sont ces différents *que*? A quelle classe appartiennent-ils? Quelques grammairiens les considèrent comme de simples *particules*, nécessaires pour la formation et l'achèvement d'une phrase. N'est-il pas plus simple de dire que ces différents *que* sont de véritables conjonctions, puisqu'ils servent à joindre ensemble les mots qui achèvent un sens.

Dans le dernier exemple, peut-être pourrait-on le juger adverbe, remplaçant l'adverbe *seulement* : Je considère *seulement* leur intérêt.

(*Observation.*) Quant à l'emploi de plusieurs autres conjonctions, il est difficile de les soumettre à des règles sûres et invariables ; c'est dans la lecture de nos meilleurs écrivains qu'il faut apprendre à en connaître la valeur et l'usage. Mais on les verra toutes subordonnées à ce principe général : Si les conjonctions sont destinées à enchaîner ensemble les propositions et les phrases, ainsi qu'à indiquer le rapport qu'elles ont entre elles, ce n'est pas une raison pour cumuler les conjonctions, au point d'en

charger le style et d'en embarrasser la marche;
avant tout, elle doit être simple et facile. Si
donc le sens des propositions et des phrases
suffit pour en indiquer tellement le rapport, que
les conjonctions deviennent inutiles, il faut les
sous-entendre et en éviter surtout la répétition.

TRENTIÈME LEÇON.

Syntaxe des Propositions et des Phrases.

Définitions préliminaires.

Le rapprochement ou la mise en rapport des
différentes parties du discours, dont la syntaxe
vient de nous donner quelques règles particulières, produit des propositions, des phrases et
des périodes.

Nous avons dit dans la Grammaire, en abordant la question du verbe :

1°. Qu'une proposition était l'expression d'un
jugement.

2°. Qu'un jugement consistait dans cette opération de l'esprit, qui juge que tel attribut convient, ou ne convient pas au sujet.

On appelle *phrases*, le rapprochement de
plusieurs propositions qui se mettent en rapport
entre elles, en s'expliquant et en se complétant
l'une par l'autre.

La période formée de la réunion de plusieurs
phrases, dans le but de développer une idée
principale, est du domaine de la rhétorique;

nous en respecterons les droits, en nous bornant dans les limites de la Grammaire.

DE LÁ FORMATION DES PROPOSITIONS.

Première règle. Dans toute proposition, on distingue les parties *essentielles* et les parties *circonstancielles* ou *modificatives*.

On appelle *parties essentielles*, celles sans lesquelles il ne peut exister un jugement ou une proposition, savoir : Le *sujet*, la *copule*, et l'*attribut*.

Nous ne reviendrons pas sur la définition de ces trois parties. *Voyez* la Grammaire, *leçon du Verbe.*

Les *parties circonstancielles* sont celles qui modifient ou qui complètent par quelques circonstances, le sens des parties essentielles.

Deuxième règle. Cette distinction des parties essentielles et des parties circonstancielles nous donne deux sortes de propositions :

1°. La proposition *logique* ou *complète*, qui forme un sens complet et achevé avec ses seules parties essentielles; ex. : *La vertu est aimable.* Cette proposition présente un sens complet avec ses seules parties essentielles, le *sujet*, le *verbe* et l'*attribut*, sans appeler à son secours aucune partie circonstancielle.

2°. La proposition *incomplète*, celle qui attend, qui appelle à son secours des parties circonstancielles, pour compléter le sens des parties essentielles; ex. : *La vertu est préférable.* Les trois parties essentielles, le *sujet*, le *verbe*, l'*attribut*, sont présentes et exactes; mais le sens qu'elles expriment, n'est pas achevé; car, *pré-*

férable à quoi? si j'ajoute, *aux richesses*, j'achève par ce mot circonstanciel le sens de la proposition incomplète, et l'on a : *La vertu est préférable aux richesses.* La vertu consiste..... avec le verbe adjectif *consiste*, j'ai les trois parties essentielles, mais privées d'un sens complet; car, *consiste dans quoi?* En ajoutant les parties circonstancielles, *dans la pratique du bien*, j'aurai la proposition complète : *La vertu consiste dans la pratique du bien.*

TROISIÈME RÈGLE. Les parties circonstancielles qui concourent à donner un sens achevé aux parties logiques d'une proposition, peuvent modifier ou le *sujet*, ou la *copule*, ou l'attribut.

En modifiant le *sujet*, les parties circonstancielles donnent trois espèces de sujet :

1°. Le sujet *simple.*
2°. Le sujet *composé.*
3°. Le sujet *multiple.*

1°. Le sujet est *simple*, quand il est seul et sans qualificatif ou modificatif quelconque; ex.: *L'étude est nécessaire.*

2°. Le sujet est *composé*, quand il est accompagné ou d'un *qualificatif*, ou d'un *déterminant*, ou d'une *proposition secondaire.* Ex. : *L'étude soutenue* est nécessaire.

L'étude des belles-lettres est nécessaire.

L'étude qui tend à former l'esprit et le cœur est nécessaire.

Le premier exemple présente le sujet composé par le qualificatif *soutenu.*

Le deuxième exemple présente le sujet composé par le déterminant, *des belles-lettres*, expression qui détermine en effet quelle est l'étude qui est nécessaire.

Le troisième exemple présente un sujet composé par la proposition secondaire, *qui tend à former l'esprit et le cœur;* car dans, *qui tend,* nous avons, en décomposant le verbe adjectif, *tend,* la proposition logique, *qui est tendante,* etc.

Veut-on, avec ces différentes additions circonstancielles, avoir une proposition encore plus développée et plus abondante que la simple proposition logique, *l'étude est nécessaire,* on aura : L'étude soutenue des belles-lettres, qui tendent à former l'esprit et le cœur, est nécessaire.

TRENTE-UNIÈME LEÇON.

QUATRIÈME RÈGLE. Nous avons annoncé un troisième sujet appelé *multiple.* On l'appelle ainsi, parce qu'il multiplie (analytiquement parlant), l'action du verbe ou l'attribut qu'il renferme, autant de fois que la proposition a de sujets différents. Ex. : *Turenne, Villars, Condé, ont souvent vaincu les ennemis de la France.* Il est clair que l'action de vaincre est ici multipliée par les trois sujets très distincts, *Turenne, Villars, Condé,* et qu'au lieu de répéter trois fois, *Turenne a vaincu..... Villars a vaincu..... Condé a vaincu.....* on attribue la même action aux trois sujets réunis ensemble.

Autre ex. avec l'attribut hors du verbe :
Turenne, Villars, Condé, furent généreux dans
la victoire. Il est également clair que le qualificatif *généreux*, appartenant à trois individus,
devrait être répété autant de fois qu'il y a de
sujets auxquels il est attribué. Mais pour éviter
une répétition fatigante et finalement absurde,
on dit en cumulant les sujets: *Turenne, Villars,
Condé*, furent généreux dans la victoire.

CINQUIÈME RÈGLE. Ce que nous venons de
dire pour l'explication du sujet simple, du sujet
composé et du sujet multiple, doit s'appliquer
à l'attribut; ainsi :

Attribut *simple : L'étude est nécessaire.*

Attribut *composé : L'étude est nécessaire dans
une bonne éducation.*

Attribut *multiplie :* L'étude est *agréable, utile,*
et *même essentielle*, trois attributs qui se multiplient, qui se cumulent sur le sujet.

SIXIÈME RÈGLE. Le verbe a aussi ses parties
circonstancielles, savoir : *L'adverbe*, le *complément direct* et le *complément indirect*, auxquels
se rattachent souvent des propositions secondaires.

L'adverbe : Le bon écolier *étudie constamment.*

Complément direct : Le bon écolier *aime l'é-
tude.*

Complément indirect : Le bon écolier *se livre
à l'étude.*

Compélment composé par une préposition
secondaire : Le bon écolier *aime l'étude qui doit
le distinguer* dans le monde.

Septième règle. Quand l'adverbe modifie le verbe, doit-il se placer avant ou après le verbe ?

En général, la place de l'adverbe est toujours auprès du mot qu'il modifie. Quand ce mot est un verbe, ou ce verbe est à un tems simple, ou il est à un tems composé. Pour le tems simple, il n'y a aucune difficulté ; l'adverbe se place après lui ; ex. : Le bon écolier *travaille constamment*. Si le verbe est à un tems composé, l'adverbe se place mieux entre l'auxiliaire et le participe, pourvu que l'adverbe commence par une consonne ; ainsi on dira : Cet élève *a constamment aimé* l'étude ; l'on ne dira pas : Cet élève a *assidûment travaillé* ; mais a *travaillé assidûment*. La cause de cette différence est sensible.

Huitième règle. On place mieux l'adverbe après le participe d'un tems composé, quand celui-ci est suivi d'un complément *indirect* ; ex. : Souvent les faveurs sont *accordées plutôt à l'intrigue* qu'au mérite.

Neuvième règle. Une préposition suivie de son complément, doit être strictement placée à côté du mot qu'elle met en rapport avec ce même complément ; autrement il en résulte une construction fausse, qui produit des contre-sens révoltants ; attention que n'a pas assez l'élève qui traduit une langue dans une autre ; ex. : *Il faut toute la puissance du devoir, pour ne pas préférer les plaisirs d'une campagne riante et agréable au triste séjour des villes. Agréable au triste séjour*..... rapprochement de mots qui forme un sens ridicule par le déplacement de la préposition *à* et de son complément, *triste séjour*. Construisons donc ainsi cette phrase : *Il faut toute la puissance du devoir pour ne pas préférer au triste séjour des villes, les plaisirs d'une campagne riante et agréable.*

Quant à la place que doivent occuper le complément direct et le complément indirect qui sont des parties circonstancielles du verbe, *voyez* la Grammaire, *leçon du Verbe.*

Avec ces premières notions sur la place que doivent occuper les parties essentielles et les parties circonstancielles, qui concourent à la formation d'une proposition, nous pouvons passer aux règles de construction qu'il faut suivre pour obtenir des propositions qui, en exprimant nos idées, puissent, autant que possible, rendre au naturel les sentiments qui les animent.

DIFFÉRENTES CONSTRUCTIONS.

Première règle. On distingue deux sortes de constructions, la *construction simple* et la *construction figurée.*

La construction *simple* est celle qui place les mots dans l'ordre naturel et dans le même ordre que l'esprit les conçoit.

La construction *figurée* se soumet à certaines figures qui appartiennent à l'étude de l'éloquence. Cependant la grammaire s'empare de trois principales et élémentaires, pour imprimer aux propositions l'énergie, la vivacité et la couleur des sentiments qu'elles cherchent à produire et à communiquer. Ces trois figures sont : *l'inversion, l'ellipse* et *l'addition des mots.*

TRENTE-DEUXIÈME LEÇON.

De l'Inversion.

DEUXIÈME RÈGLE. *L'inversion* n'est autre chose que le renversement de l'ordre naturel des mots, que le déplacement qu'on leur fait subir, pour donner plus d'âme et plus de force à l'expression d'une pensée. L'inversion agit sur les parties *essentielles*, comme sur les parties *circonstancielles* d'une proposition. Pour rendre plus sensible l'application de cette figure, comme de toutes les autres, nous préférerons des exemples familiers.

Premier exemple, sur le sujet : Vous voudriez donc vivre toujours esclave du jeu et de vos désordres..... Tel est l'ordre naturel des mots dans cette proposition. Soumettons-en le sujet à l'inversion, nous aurons une proposition plus active et plus expressive, en disant : *Voudriez-vous donc vivre* toujours esclave du jeu et de vos désordres ?

Deuxième exemple : Ce jeune homme se montra constamment dans le cours de ses études esclave du jeu et de ses désordres. Telle est la place naturelle des mots dans cette proposition. Appliquons l'inversion *au sujet, à l'attribut et au verbe,* nous aurons une nouvelle proposition plus coulante : *Esclave du jeu et de ses désordres,* ainsi se montra constamment ce jeune homme dans le cours de ses études ; *esclave du jeu,* attribut déplacé ; *se montra ce jeune homme,* verbe et sujet déplacés.

Troisième règle. Inversion des parties circonstancielles ; 1°. *Sur les parties dépendantes du sujet.* Exemple : *Ce jeune homme , soumis aux conseils de son père , triompha bientôt de ses écarts ;* disons mieux : *Soumis aux conseils de son père,* ce jeune homme bientôt triompha de ses écarts.

2°. *Inversion sur le complément direct,* partie circonstancielle du verbe : *Jeune homme* (dit un père), *vous croyez vaincre ce caractère violent et désordonné en vous livrant à tous vos caprices.* Cette proposition construite dans l'ordre naturel des mots, perdra cette mollesse qui convient si peu aux reproches d'un père, et acquerra plus de force par le déplacement du complément direct. *Ce caractère violent et désordonné,* vous croyez le vaincre et le corriger, en vous livrant à tous vos caprices ? Nous ajouterons encore à la force de l'expression , si nous soumettons pareillement à l'inversion le complément indirect : *à tous vos caprices, vous vous livrez : et ce caractère violent et désordonné,* vous croyez le vaincre et le corriger ? Encore mieux en disant par le déplacement du sujet : *Croyez vous le vaincre ?* Réunissons toutes ces parties soumises à l'inversion : *A tous vos caprices, vous vous livrez ; et ce caractère violent et désordonné, croyez-vous le vaincre et le corriger ?* On voit, par cet exemple familier, combien il est facile d'imprimer à des propositions languissantes et inanimées, la force et l'énergie de la pensée dont elles sont l'expression.

TRENTE-TROISIÈME LEÇON.

L'Ellipse.

QUATRIÈME RÈGLE. On appelle *ellipse* la suppression de quelques-uns des mots qui font partie de la construction naturelle d'une proposition, mais dont le sens peut se passer par la facilité de remplacer cette suppression. Sans cette condition, c'est-à-dire, si les mots supprimés ne peuvent pas être facilement remplacés par le sens des mots qui restent, l'ellipse est mauvaise; il faut l'éviter.

L'avantage de l'ellipse est de rendre la vivacité d'une pensée, d'exprimer l'empressement de l'imagination, l'ardeur du sentiment et jusqu'au désordre du cœur.

CINQUIÈME RÈGLE. L'ellipse peut agir sur les diverses parties d'une proposition.

1°. *Sur un nom : Il est d'un bon élève de donner* en tout et partout le bon exemple; pour : *Il est du devoir d'un bon élève.*

2°. *Sur l'article : Hommes, femmes, enfants, tous accoururent au feu* qui menaçait la ville entière.

3°. *Sur l'adjectif :* L'appareil des grandeurs, l'éclat du luxe, aux pauvres furent toujours une injure; pour : furent toujours *une injure faite* aux pauvres.

4°. *Sur le verbe :* Vous, l'exemple de cette maison et la gloire de vos familles, persévérez dans la vertu, le plus ferme soutien de votre jeunesse; pour : *Vous qui êtes* l'exemple, *qui étes la gloire.....* persévérez dans *la vertu qui est le plus* ferme soutien, etc. *Au pacificateur de la France, la patrie reconnaissante;* ici, il y a ellipse et inversion, la construction naturelle est : La patrie est reconnaissante à l'égard du pacificateur de la France. Les phrases ainsi dégagées des mots inutiles à leur intelligence, prennent évidemment plus de vivacité et plus de grâce.

ADDITION DE MOTS OU PLÉONASME.

L'addition de mots ou *le pléonasme* est l'opération opposée de l'ellipse; celle-ci supprime, celle-là ajoute à la proposition des mots propres à lui donner cette force, cette vigueur qui manque encore à la valeur de ses expressions. Exemple : *Vous*, le plus paresseux de votre classe, vous voulez que *moi*, témoin de la perte de votre tems, je croie à votre travail; eh bien! *moi qui vous parle*, je vous prouverai que votre paresse est la même *et que vous ne travaillez point.* Supprimez de ce reproche tous les mots, caractère *italique*, il aura le même sens ; mais, privé des mots additionnels qui pressent la conviction, qui fortifient le reproche mérité, il perdra de son action et de sa force. Autre exemple : Vous niez cette faute, lorsque c'est moi-même qui vous ai vu *et vu de mes propres yeux.* Les mots *italiques* sont inutiles au sens naturel de la phrase ; ils n'y figurent additionnellement, que comme expressions persuasives de la part de celui qui accuse, et comme moyen de conviction pour l'accusé.

Le pléonasme est vicieux, lorsqu'il accumule

dans une proposition des mots qui en changent la pensée, sans lui ajouter ni force, ni
énergie.

TRENTE-QUATRIÈME LEÇON.

Propositions considérées isolément.

Nous venons de voir comment on formait
une proposition, soit avec construction simple,
soit avec construction figurée. Considérons ac-
tuellement les propositions en elles-mêmes et
isolément, avant d'en composer des phrases.

Première règle. Une proposition peut être
considérée ou du côté de son sujet, ou du côté
de son attribut. Du côté de son sujet, une proposition est ou universelle, ou particulière, ou
singulière.

Proposition universelle : *Tous les élèves de cette
classe sont studieux.*

Proposition particulière : *Quelques élèves de cette
classe sont studieux.*

Proposition singulière : *Cet élève est studieux.*

Deuxième règle. Une proposition considérée
du côté de son attribut, est ou *vraie*, ou *fausse*.
Une proposition est *vraie*, quand on affirme
avec raison qu'un attribut convient, ou ne convient pas au sujet.

Propositions vraies. { *Le cercle est rond.*
*Le cercle n'est pas
carré.*

Une proposition est *fausse*, quand elle attribue au sujet une qualité qui ne lui convient pas, ou qu'elle lui refuse celle qui lui convient.

Propositions fausses. $\begin{cases} \textit{Le cercle est carré.} \\ \textit{Le cercle n'est pas} \\ \textit{rond.} \end{cases}$

TROISIÈME RÈGLE. Les propositions considérées dans leur ensemble, sont ou *affirmatives*, ou *négatives*, ou *interrogatives*, ou *exclamatives*, ou *optatives*, ou *complètes*, ou *elliptiques*.

Les quatre premières se définissent d'elles-mêmes.

La proposition *optative*, (du latin *optare*, souhaiter), exprime un *vœu*, un *désir*. Ex. : *Que Dieu vous bénisse ! que le ciel vous entende !*

La proposition *complète*, nous l'avons déjà dit, est celle qui a les trois parties logiques.

La proposition *elliptique* manque d'une ou de deux de ses parties et même des trois, remplacées alors par un simple mot qui supplée parfaitement les absents : *Vous portez-vous bien ?* pour : *êtes-vous bien portant ?* Proposition complète. *Oui*, proposition elliptique, exprimée par un seul mot, renfermant tacitement les trois parties logiques : *Je suis bien portant ; bien*, partie circonstancielle modifiant le verbe.

TRENTE-CINQUIÈME LEÇON.

Des Phrases, ou du Rapprochement des Propositions.

PREMIÈRE RÈGLE. Une phrase se forme du rapprochement de plusieurs propositions. Ce rapprochement des propositions les met donc en rapport les unes avec les autres ; ces rapports entre elles établissent six espèces de propositions ; savoir :

1°. La proposition *absolue*.
2°. La proposition *relative*.
3°. La proposition *corrélative*.
4°. La proposition *principale*.
5°. La proposition *secondaire*.
6°. La proposition *incise*.

DEUXIÈME RÈGLE. La proposition *absolue* annonce un sens achevé et indépendant d'autres propositions, qui peuvent lui être adjointes, comme en étant l'explication, le développement ou la conséquence. Exemple : *L'étude des langues anciennes est utile à l'intelligence des langues vivantes ;* elles en donnent l'étymologie des mots et les principes généraux ; donc l'élève qui a fait des langues anciennes l'objet principal de ses premières études, s'est assuré un grand avantage. *L'étude des langues anciennes est utile à l'intelligence des langues vivantes ;* proposition absolue avec sens achevé et indépendant des deux propositions suivantes, *elles en donnent l'étymologie...* etc. proposition explicative : *donc l'élève qui a fait des langues anciennes*, etc. proposition qui est la conséquence des deux propositions précédentes.

TROISIÈME RÈGLE. 1°. La proposition *relative* au contraire ne présente qu'un sens suspendu et dépendant d'une autre proposition, appelée *corrélative*, qui est nécessairement adjointe à la relative.

2°. La proposition *corrélative* est donc celle qui complète le sens de la proposition *relative :* Exemple : *Si vous vous adonnez sérieusement à l'étude des langues anciennes, vous vous faciliterez l'intelligence des langues vivantes. Si vous vous adonnez à l'étude,* proposition *relative* qui attend un sens achevé de la proposition *corrélative, vous vous faciliterez l'intelligence.* Il y a ici deux choses à observer; 1°. la proposition relative se distingue de la corrélative par *la conjonction*, dont elle est exclusivement précédée; 2°. on doit toujours placer la plus courte et la moins étendue de ces propositions avant la plus longue.

QUATRIÈME RÈGLE. La proposition *principale* est celle qui jointe à des propositions modificatives, par les pronoms relatifs conjonctifs, *qui, que, dont,* ou par l'adverbe de lieu *où*, présente l'idée principale de la phrase. Exemple : *L'étude de la langue française* que vous étudiez, *distingue une bonne éducation.* Deuxième exemple: *L'étude de la langue française* qui fait l'objet de votre application, *distingue*, etc. Troisième exemple: *L'étude de la langue française* dont vous recevez des leçons, *distingue*, etc. Dans ces trois exemples, *l'étude de la langue fran-*

çaise distingue une bonne éducation, proposition *principale*.

CINQUIÈME RÈGLE. Les propositions *secondaires* sont celles qui modifient et circonstancient l'idée principale, telles que, dans les trois exemples précédents, les propositions jointes à la principale par les relatifs *qui, que, dont*. Le département de la Côte-d'Or, *où vous avez votre campagne*, est un des plus riches de la France. *Où vous avez votre campagne*, proposition secondaire qui ajoute une circonstance à la principale.

SIXIÈME RÈGLE. La proposition *incise*, (du latin *incidere* couper), est celle qui, étrangère à une phrase, l'incise, l'interrompt, la coupe pour s'y insérer, s'y intercaler ; telles sont les propositions dont on se sert pour citer *le dire de quelqu'un*, *l'opinion*, la *citation* ou *l'autorité d'un auteur*. Exemple : Pour être entendu, *dit un de nos grammairiens*, il faut être clair en parlant. Je ne puis, *disait une femme à son mari*, être insensible aux soins que vous prenez de me rendre heureuse. Consacrez, *je vous prie*, quelques heures à lire cet ouvrage, rempli des plus beaux modèles de vertus. Dans ces trois exemples, *dit un de nos grammairiens*, *disait une femme*, *je vous prie*, sont autant de propositions incises. Observez qu'étrangères au sens des propositions, elles doivent être placées entre deux virgules.

TRENTE-SIXIÈME LEÇON.

De la Ponctuation.

La ponctuation a deux objets :

1°. De faciliter l'intelligence des discours, en indiquant par des signes le plus ou le moins de rapport que les propositions et les phrases ont entre elles. Cette définition nous imposait donc la loi de remettre les règles de la ponctuation, après la connaissance de la formation des propositions, et des rapports que telle proposition prend et exerce sur telle autre.

Rien n'est plus exposé à l'arbitraire, que le jugement sur le plus ou le moins de rapport entre les propositions qui constituent les phrases, les périodes ou enfin le discours. Chacun a sa manière de sentir et de juger, chacun veut en jouir ; aussi n'est-il rien de plus arbitraire que la ponctuation. Quoi qu'il en soit, nous établirons ici les règles les plus généralement reçues.

2°. Le second objet de la ponctuation, c'est de faciliter la lecture, en indiquant les différentes mesures de repos qu'on doit observer, principalement dans les lectures à haute voix.

Les signes en usage pour la ponctuation sont :

La virgule   (,)
Le point et la virgule   (;)
Les deux points   (:)
Le point simple   (.)
Le point d'interrogation   (?)
Le point d'exclamation   (!)
Le point suspensif   (...)

On admet encore dans la ponctuation quelques autres signes, tels que :

Les guillemets (»)
Les parenthèses ( )
L'alinéa.

EMPLOI DE LA VIRGULE.

Première règle. La virgule doit séparer tous les mots qui font partie d'un sujet et d'un attribut multiple. Exemple pour le sujet multiple : *La sagesse, l'esprit, la raison, les grâces,* rarement se trouvent réunis dans la même personne.

Pour l'attribut multiple : La vraie célébrité naît *de la vertu, de l'esprit, des talents* et *du genie.* La politesse noble *approuve sans fadeur, loue sans jalousie, raille sans aigreur.*

Deuxième règle. La virgule se place avant *qui, que, dont,* lorsque ces relatifs ne sont pas précédés *immédiatement* de leur antécédent. Exemple : Je pense que l'homme de *bien, qui* n'a les yeux fixés que sur le mérite personnel, doit être partout préféré.

La virgule placée entre *bien* et *qui,* annonce que le mot *bien* n'est pas l'antécédent du relatif.

Troisième règle. La virgule se place même entre le verbe et le sujet, quand celui-ci est composé de plusieurs parties circonstancielles. Exemple : Le maître qui *par son travail et par son zèle, a le bonheur d'inspirer de l'émulation à ses élèves,* les mène bientôt à la gloire d'honorables succès. *Le maître qui.....* sujet très composé par une proposition secondaire ;

nous placerons donc une virgule entre cette secondaire et la proposition principale, *les mène bientôt*, etc.

QUATRIÈME RÈGLE. La virgule doit toujours séparer la proposition *relative de sa corrélative.* Ex. : *Quand vous aurez au-delà du nécessaire,* donnez à l'indigence plutôt qu'à la frivolité. Votre cœur sera satisfait,   quand il aura secouru le malheur.

CINQUIÈME RÈGLE. On doit toujours mettre entre deux virgules les propositions incises, et toutes les expressions dont on se sert pour adresser la parole à quelqu'un, tels que : *monsieur, madame, mon ami*, enfin tous les mots intercalés dans une phrase, au sens de laquelle ils sont étrangers. Exemple d'une *proposition incise :* J'ai toujours un vrai plaisir,   *me répète souvent mon père,*   à vous entendre parler de vos études.

Pour *un mot d'apostrophe :* N'oubliez pas, *mes amis,*   que l'école de l'infortune apprend à sentir le prix du bonheur.

Racine, dans *Athalie,* nous fournit un exemple de cette règle :

> Par cette fin terrible, et due à ses forfaits,
> Apprenez,   *roi des Juifs,*   et n'oubliez jamais
> Que les rois dans le ciel ont un juge sévère,
> L'innocence un vengeur, et l'orphelin un père.

SIXIÈME RÈGLE. La virgule se place entre toutes les propositions indépendantes l'une de l'autre, et qui se succèdent rapidement. Ex. : Un bon élève, voyez comme il s'empare du tems, l le saisit,   il l'arrête,   il dispute les mo-

ments qu'on veut lui dérober,　il regrette
instants que la nécessité lui surprend,　il r
pousse les distractions,　aussi ne connaî
pas l'ennui.

SEPTIÈME RÈGLE. Lorsqu'il y a inversion d
compléments, la virgule doit les séparer de
qui suit. Exemple *d'un complément direct : l*
gloire,　regardez-la toujours comme l'aigu
lon des grandes âmes.

D'un complément indirect : Au mépris de
vertu,　le mépris de la gloire conduit.

HUITIÈME RÈGLE. La virgule doit séparer l
mots qui sans elle pourraient présenter ı
double sens. Exemple : Un jeune homme vi
lent, impatient, est entraîné par ses désirs i
domptés,　dans un abîme de désordres.

Telles sont les principales règles qui détern
nent l'usage de la virgule. Il serait difficile
saisir tous les cas où il y a nécessité de l'e
ployer ; le goût et la connaissance parfaite c
rapports entre les mots et les propositions, de
vent y suppléer.

DU POINT ET DE LA VIRGULE.

PREMIÈRE RÈGLE. Le point et la virgule ma
quent un repos plus sensible que celui indiq
par la virgule seule. On les emploie pour sépar
les propositions absolues de celles qui en do
nent un développement, ou qui en tirent qu
ques conséquences ; telles que les propositic
qui ordinairement commencent par les co
jonctions, *mais, car, cependant, en effet, doi*
et qui en conséquence sont toujours précéde

du point et de la virgule. Exemple : Toutes les connaissances de l'homme doivent le diriger vers l'utilité publique;   *car* l'homme est né pour la société. Les connaissances dont la société vous tiendra compte, l'étude vous les assure;   *donc* vous devez vous y livrer entièrement.

Ajoutons quelques exemples tirés de nos poëtes :

> . . . . Dieu des Juifs, tu l'emportes !
> Oui, c'est Joas : je cherche en vain à me tromper;
> Je reconnais l'endroit où je le fis frapper;
> Je vois d'Ochozias et le port et le geste ;
> Tout me retrace enfin un sang que je déteste.

Il existe dans le sens de ces vers un rapport trop éloigné pour être séparé par la simple virgule; mais trop prochain aussi, pour être tout-à-fait interrompu par le point seul; de là, le point et la virgule qui séparent ces vers d'*Athalie*.

DES DEUX POINTS.

Première règle. Les deux points s'emploient après les mots qui annoncent ou une citation, ou une énumération d'objets, comme après ces expressions : *il dit : il s'expliqua ainsi : il répondit : savoir : tels que : exemple :* . . . . . .

Exemple de citation. Dans son *Traité de la Vieillesse*, Cicéron *dit :* Honorez la vieillesse; honorez en elle toutes les vertus formées par l'expérience, *telles que :* la prudence, la probité, l'amour du bien public.... Ex. *d'énumération de parties :* Les mathématiques renferment quatre règles qui sont la base de tous les calculs, *savoir* : l'addition, la soustraction, la multiplication et la division.

DES DIFFÉRENTS POINTS.

PREMIÈRE RÈGLE. Le *point simple* ; ce point se met à la fin de chaque phrase purement expositive, indépendante de celles qui précèdent ou qui suivent, et présentant un sens achevé. Ex. : On doit parler des vertus le plus haut possible ; mais il faut les pratiquer tout bas et avec modestie. (Phrase indépendante, avec sens complet.)

DEUXIÈME RÈGLE. Le *point d'interrogation* (?) doit terminer toute phrase interrogative. Ex. : (Racine, *Athalie.*)

Et quel tems fut jamais si fertile en miracles ?
Quand Dieu par plus d'effets montra-t-il son pouvoir ?
Auras-tu donc toujours des yeux pour ne point voir,
Peuple ingrat ? . . . .

TROISIÈME RÈGLE. Le *point d'exclamation* (!) termine toute phrase qui renferme une exclamation. On place encore ce point après chaque *interjection*, après tout mot exprimant *étonnement, vœu, désir, admiration*, etc. Exemple : (Racine, *Esther.*)

Que le Seigneur est bon ! que son joug est aimable !
Heureux qui, dès l'enfance, en connaît la douceur !
Jeune peuple, courez à ce maître adorable !

QUATRIÈME RÈGLE. Le *point suspensif* (. . . . .) s'emploie pour indiquer un sens suspendu dans l'intention de tenir comme en arrêt l'attention et le sentiment de quelqu'un ; ex. : Quoi, mon ami ! rien ne pourra donc émouvoir votre sensibilité.....! *cette tendresse d'un père.....! ces larmes d'une mère.....!*

> Cette femme superbe entre, le front levé,
> Et se préparait même à passer les limites
> De l'enceinte sacrée, ouverte aux seuls lévites.
> Le peuple s'épouvante et fuit de toutes parts.
> Mon père . . . . . Ah ! quel courroux animait ses regards !

(Racine, *Athalie*.)

DES GUILLEMETS.

Première règle. Les *guillemets* (») se placent au commencement de chaque ligne rappelant les paroles de quelqu'un, ou une citation quelconque. Les guillemets doivent aussi se mettre après le dernier mot de la ligne qui termine le récit de la citation ; c'est seulement après ce guillemet final, que se pose le point convenable au sens. Exemple :

> Je crains Dieu, dites-vous ; sa vérité me touche !
> Voici comme ce Dieu vous répond par ma bouche :
> « Du zèle de ma loi, que sert de vous parer ?
> « Par de stériles vœux, pensez-vous m'honorer ?
> « Quel fruit me revient-il de tous vos sacrifices ?
> « Ai-je besoin du sang des boucs et des génisses » ?
> . . . .

(Racine, *Athalie*.)

DES PARENTHÈSES.

Les *parenthèses* ( ) ; l'usage que nous en avons fait tant de fois, indique assez que les parenthèses servent à renfermer des expressions étrangères au sens d'une phrase. Exemple :

> Mais un trouble importun vient depuis quelques jours
> De mes prospérités interrompre le cours.
> Un songe (me devrais-je inquiéter d'un songe)!
> Entretient dans mon cœur un chagrin qui le ronge :
> Je l'évite partout ; partout il me poursuit.
>   C'était pendant l'horreur d'une profonde nuit :
> Ma mère Jésabel devant moi s'est montrée.

. . . .

DE L'ALINÉA.

L'*alinéa* s'emploie, quand après une phrase terminée par un point, on passe à une autre pensée, ou à un autre objet qui exige un repos encore plus long que celui commandé par le point ; alors on quitte la ligne commencée, pour passer à une autre.

L'*alinéa* a l'avantage de donner du repos à l'œil, à l'esprit et même à la mémoire dans la récitation d'une leçon et dans le débit d'un discours.

FIN.

TABLE DES MATIÈRES.

A.

C.

D.

E.

G.

I.

J.

L.

M.

N.

O.

P.

FIN DE LA TABLE DES MATIÈRES.

DE L'IMPRIMERIE DE CRAPELET,
rue de Vaugirard, n° 9.